ÉCONOMIES

RÉFORMES

[illegible] GRANDES RÉGIONS

[illegible]

PAR

[illegible]

[illegible]

Rédacteur au « Lyon Républicain »

PRIX : 75 CENTIMES

[illegible]

[illegible]

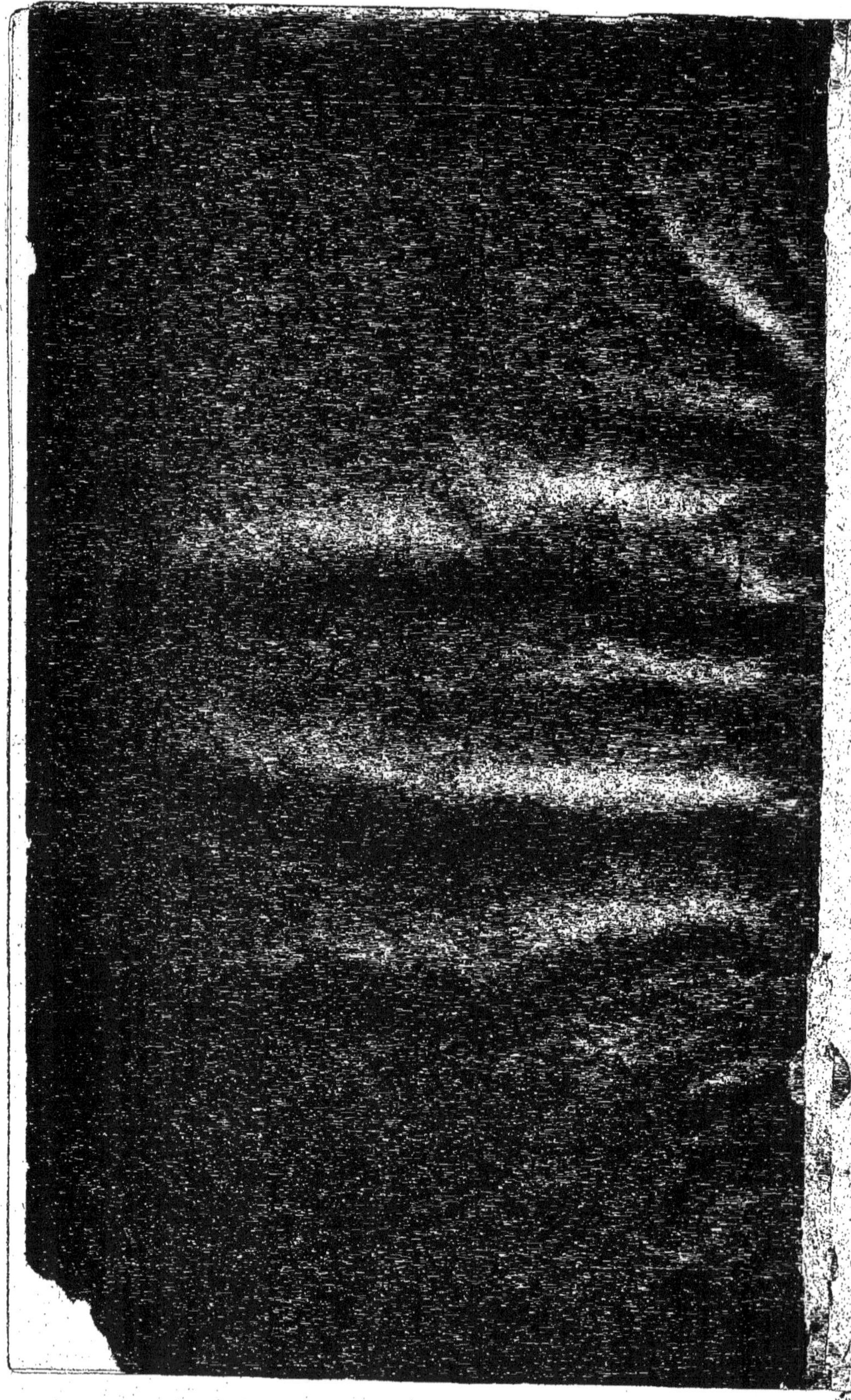

I

ÉCONOMIES — RÉFORMES

PROGRESSION DES DÉPENSES PUBLIQUES. — Le total des dépenses publiques inscrites au budget de 1903 s'élevait à 3 milliards, 528 millions, 400.000 francs. Celui figurant au projet de budget pour 1904 qui vient d'être déposé, atteint le chiffre plus formidable encore, de **3 milliards, 571 millions, 800.000 fr.**

Il semble que cette charge écrasante imposée aux contribuables ne peut plus être augmentée sans péril.

D'un bout à l'autre de la France, l'opinion le proclame très haut, et exige des économies sérieuses et durables. Car la progression des dépenses a été continue depuis un siècle ; fatalement elle devait arriver à atteindre l'extrême limite de la force contributive du pays : c'est à ce point que nous en sommes. Des résolutions énergiques s'imposent.

Pour se rendre exactement compte de cette progression ininterrompue des dépenses, il suffit de jeter les yeux sur les chiffres suivants, indiquant pour les régimes successifs que la France a eus, le total des dépenses (ordinaires et extraordinaires réunies).

Ces dépenses ont été :

Sous le Premier Empire . . .	En 1807	de	894 240.000 fr.	(premier budget)
	en 1811	—	1.000.000.000	
	en 1813	—	1.150 000.000	(dernier)
Sous la Restauration	En 1814	—	572 millions	(premier budget)
	en 1815	—	931 —	
	en 1816	—	1.056 —	
	en 1820	—	907 —	
	en 1829	—	1 015 —	(dernier)
Sous la Monarchie de juillet.	En 1830	—	1.095 millions	(premier budget)
	en 1831	—	1 219 —	
	en 1835	—	1.047 —	
	en 1840	—	1.364 —	
	en 1845	—	1.489 —	
	en 1847	—	1.630 —	(dernier)
Sous la République de 1848.	En 1848	—	1.771 millions	(premier budget)
	en 1851	—	1.461 —	(dernier)

Sous le Second Empire....	En 1852	de	1.513 millions	(premier budget)
	en 1855	—	2.399 —	
	en 1860	—	2.084 —	
	en 1865	—	2.147 —	
	en 1870	—	2.223 —	(dernier)
Sous la République actuelle.	En 1871	—	2.181 millions	(voté sous l'Empire)
	en 1872	—	2.587 —	(premier budget)
	en 1875	—	2.587 —	
	en 1880	—	2.790 —	
	en 1885	—	3.257 —	
	en 1890	—	3.615 —	
	en 1895	—	3.357 —	
	en 1900	—	3.477 —	
	en 1903	—	3.528 —	(dernier voté)
	en 1904	—	3.571 —	(projet déposé)

Cette augmentation des dépenses est indéniable. Mais il convient d'ajouter qu'elle n'est point particulière à la France, ainsi que certaines affirmations tendancieuses le feraient croire. *Tous les autres pays d'Europe ont subi des augmentations semblables*, ainsi que nous allons le démontrer à l'aide de renseignements officiels et précis, puisés dans l' « Almanach de Paris », dans « l'Almanach de Gotha » et d'autres publications sérieuses.

En effet, les dépenses des Etats européens, petits et grands, calculées en francs, ont passé :

Allemagne............	de	292	millions	(en 1871)
—	à	2.943	—	(1901-02)
Autriche............	de	748	—	(1869)
—	à	2 000	—	(1901)
Belgique............	de	192	—	(1868)
—	à	468	—	(1901)
Danemark............	de	63	—	(1869-70)
—	à	101	—	(1901-02)
Espagne............	de	645	—	(1868-69)
—	à	905	—	(1902)
Grande-Bretagne......	de	1.800	—	(1871)
—	à	4.612	—	(1902-03)
Grèce............	de	35	—	(1869)
—	à	111	—	(1900-01)
Hongrie............	de	464	—	(1869)
—	à	2.643	—	(1901)
Italie............	de	1.206	—	(1871)
—	à	1.791	—	(1901-02)
Pays-Bas............	de	199	—	(1871)
—	à	326	—	(1901)
Norvège............	de	29	—	(1869)
—	à	141	—	(1900)
Portugal............	de	117	—	(1869-70)
—	à	249	—	(1901-02
Russie............	de	878	—	(1869)
—	à	3.666	—	(1901)
Suède............	de	54	—	(1869)
—	à	217	—	(1902)
Suisse............	de	22	—	(1869)
—	à	103	—	(1900-01)

Par conséquent les dépenses des autres pays ont augmenté comme les nôtres, et souvent dans une proportion bien plus forte. C'est un fait indiscutable, et à retenir.

Qu'on le déplore ou qu'on s'en étonne, il y a là un phénomène écono-

Une étude méthodique, consciencieuse et prudente, bien que poursuivie dans un esprit hardiment novateur, nous permet de penser que **trois cent cinquante millions d'économies** environ, pourraient être réalisées assez promptement et d'une façon durable. Cela sans bouleversement. Mais en remédiant à certains gaspillages évidents, à certains errements onéreux ; en supprimant les sinécures et les emplois insuffisamment justifiés ; en changeant la façon de faire et l'état d'esprit de nos administrations ; en rajeunissant et allégeant les rouages administratifs pour qu'ils se plient à une décentralisation féconde. En un mot, en **accomplissant des Réformes organiques** devenues indispensables.

Nous entendons démontrer que ce double but peut être atteint :

1° *Par la substitution de l'organisation Régionale, à l'organisation Départementale actuelle*, (20 Régions, au lieu de 87 Départements) ;

2° *Par la révision raisonnée des Budgets de chacun de nos Onze Ministères.*

Et, successivement, nous allons examiner ces deux points :

*
* *

Auparavant nous tenons toutefois à bien préciser que les **Réformes** et les **Economies** que nous préconiserons ne sont pas dues à une improvisation légère et ridicule,— mais qu'elles résultent d'une étude consciencieuse, patiente, sérieuse et dès longtemps poursuivie. Enfin nous ajoutons que la recherche de ces réformes et de ces économies constitue naturellement une ébauche, une base possible, une indication utile pour ceux qui auraient par la suite mission de tenter la réalisation de ce plan. Car nul ne peut avoir la prétention d'accomplir à lui seul, d'une façon complète et définitive, sans inexactitude ni erreur de détails, un travail étendu. Loin de redouter d'ailleurs les avis, les objections que cette étude pourrait provoquer, — nous les enregistrerons avec plaisir, sachant qu'il y aura bien souvent à en tenir compte et à y puiser, ce que nous avons fait du reste au cours de ces quelques pages.

II

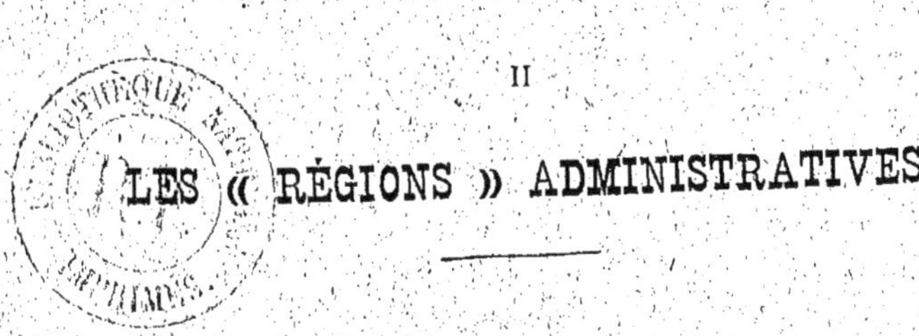

LES « RÉGIONS » ADMINISTRATIVES

Dans le rapport général si remarquable et si pondéré que M. Antonin Dubost a présenté au Sénat, sur le budget de 1903, on lit ces lignes qu'il est bon de remettre sous les yeux des membres du Parlement, du Gouvernement et des électeurs, — chacun ayant à en faire son profit : « Il « est manifeste que la situation actuelle n'est pas due simplement au « fléchissement des recettes, mais à une gestion financière imprudente « pendant les exercices qui ont précédé la crise aussi bien que dans les « exercices où elle s'est produite. » — « Notre situation présente est due « 1° à *l'excès des dépenses*; 2° à la nature ou à la précipitation dange- « reuse de certaines mesures fiscales ; 3° à *l'organisation défectueuse* « *de nos services publics.* »

De son côté, M. Thomson, député, dans son rapport sur le Budget du Ministère des finances (1903) écrit : « Ce qu'il ne faut pas perdre de vue « c'est qu'avec les moyens de communication variés et rapides dont on « dispose aujourd'hui, le nombre des fonctionnaires doit diminuer, et « qu'en restreignant le personnel, on limite les responsabilités, et on faci- « lite le contrôle et la surveillance. » Ces observations, relatives au personnel des finances, peuvent s'appliquer aussi justement à tous les autres services de l'Etat.

Enfin dans l'exposé des motifs d'une proposition présentée en 1902 par MM. Beauquier, Morlot et quelques autres députés pour diviser la France en 25 Régions, on lit : « l'organisation administrative d'un pays « ne saurait être considérée comme quelque chose d'immuable qui doit « survivre à tous les changements d'ordre politique, économique et social « que ce même pays a éprouvés. »

D'où cette triple conclusion :

L'organisation administrative établie il y a 100 ans, ne correspond plus aux besoins de notre époque ;

La multiplicité des moyens de communications actuels rend opportunes et faciles la modification de cette organisation et la diminution de nombre des fonctionnaires ;

Cette réforme permettrait de réaliser des économies importantes, et de remédier en partie aux difficultés financières.

LE FONCTIONNARISME. — Tout a été dit sur ce sujet, et à chaque instant, les journaux signalent les étranges abus auxquels donne lieu cette plaie spéciale à la France et qu'on appelle le fonctionnarisme.

D'après une étude publiée en 1897 par un spécialiste dont les travaux font autorité, M. Turquan, le *nombre* des fonctionnaires (civils seulement) avait suivi la progression que voici, depuis 1846 :

En 1846, il y en avait		188.000
1858	»	217.000
1873	»	285.000
1886	»	330.008
1896	»	406.000

A ce dernier chiffre, il fallait ajouter encore 8.000 fonctionnaires départementaux et 122.000 fonctionnaires communaux, soit 130.000 qui, joints aux 406.000 précités, donnent le total de 536.000 fonctionnaires civils.

Quant aux *appointements* des fonctionnaires de l'Etat, leur progression donnait les totaux suivants :

En 1846	245 millions
1858	270 »
1873	400 »
1876	450 »
1894	545 »
1896	616 »

Ce *total des traitements* doit être incomplet, car il ne comprend certes pas les allocations, gratifications, suppléments de traitements, indemnités diverses, primes, etc. Pour mesurer exactement ce que nous coûtent les fonctionnaires de l'Etat, il convient d'ajouter à ces 616.000 millions les 45 millions que le budget ajoutait aux 25 millions fournis par les retenues, pour parfaire les 70 millions des retraites civiles. Ces 45 millions, joints aux 616 précédents, font 661 millions.

Si l'on divise le chiffre des salaires (616 millions) par le nombre des fonctionnaires (406.000), on trouve que la *moyenne* serait, par tête, de 1.517 fr. 24 centimes.

Les *petits traitements*, inférieurs à 1.000 francs par an, vont à 135.000 des 406.000 fonctionnaires.

Les *gros traitements*, supérieurs à 10.000 francs par an, vont à 1.816 seulement, et dans les proportions suivantes :

600	touchent de	10 à 12.000 francs.
400	»	12 à 15.000 »
163	»	15 à 18.000 »
332	»	18 à 20.000 »
321	»	plus de 20.000 »

Telles sont les indications de la statistique. Il y en a d'autres peut-être plus suggestives, plus explicites et plus exactes.

S'il y a eu parfois des abus dans les créations de fonctions décrétées depuis 25 ans, — ces abus sont loin d'être aussi étendus qu'on se plaît à le croire dans le public. Ils tiennent d'ailleurs au système, à notre organisation même, bien plus qu'à des pratiques blâmables et à des légèretés. C'est donc le système, l'organisation qu'il faut changer pour y mettre un terme.

Secondement, il y a eu un très grand nombre d'emplois créés qui répondaient à des nécessités incontestables. Par exemple, en 1869, nous n'avions que 82 *lycées* (avec 37.691 élèves), tandis qu'en 1900, on en comptait 110 (avec 51.997 élèves) ; le personnel s'est augmenté en conséquence. De même pour les *écoles primaires*, au nombre de 56.[illegible] (avec [illegible] élèves) en 1869, — et qui étaient arrivées au nombre de [illegible] (avec [illegible] élèves) en 1900. Il a fallu des instituteurs et des institutrices pour réaliser ce progrès. On sait en outre ce que la République a fait à ce point de vue, par les lois de 1885 et 1886, posant le principe de *l'enseignement gratuit et obligatoire*; il ne faut pas perdre de vue que l'État a pris à sa charge nombre de dépenses de ce genre supportées auparavant par les budgets communaux; cela a augmenté le sien d'autant.

On peut faire la même constatation pour les *Postes et Télégraphes*. En 1860, il n'y avait que 4.222 *bureaux de poste*, tandis qu'aujourd'hui, d'après les chiffres que je puise dans la dernière publication du « Bureau international de Berne », on en compte 11.044, avec un total de 67.230 *boîtes aux lettres*. La *circulation postale* qui, en 1860, portait sur 263.500.000 lettres, cartes, etc., porte actuellement sur 2.434.676.242. Il y avait, en 1869, seulement 3.085 *bureaux télégraphiques*; on en compte (en 1903), 13.963. On a créé enfin, de toutes pièces, le service *des téléphones*. Quelqu'un peut-il prétendre que les emplois résultant de ces créations n'ont pas été imposés par le développement même du service, ou qu'ils ont été inutiles?

Si l'on passe aux *Colonies*, l'on constate que notre domaine colonial qui, en 1869, avait une superficie de 804.100 kilomètres carrés, avec une population de 5.531.836 habitants, — comportait, en 1902, une superficie de 10.699.613 kilomètres carrés, avec une population de 43.784.832 habitants. Le mouvement commercial des colonies (importations et exportations) évalué, en 1869, à 362.000.000 francs, s'élevait, en 1901, à 946.000.000 francs. Il a bien fallu, là encore, créer des emplois nouveaux pour administrer ces vastes territoires.

Chacun sait aussi que l'on a créé : le *Contrôle de l'Armée*, l'*Inspection des Colonies*; l'*Institut agronomique*, les *Écoles pratiques d'agriculture*; des *Écoles d'irrigation*, de *sériciculture*, d'*horticulture*, de *laiterie*, etc., etc.; des *professeurs d'agriculture*; l'*hydraulique agricole*; l'*inspection du travail*; développé les services de l'*Assistance publique*, la *surveillance des nourrissons*, les *bourses diverses*, le *service des épidémies et épizooties*; amélioré la situation de très nombreux fonctionnaires, petits et moyens, qui étaient trop peu payés : *officiers*, *magistrats*, *curés*, *professeurs de facultés*, *professeurs de lycées*, *instituteurs*, *employés des postes*, *facteurs*, etc. Toutes ces dépenses là étaient bonnes, avaient en vue des améliorations justifiées ou des œuvres utiles.

Enfin, à un autre point de vue, il a fallu pourvoir à l'accroissement pour ainsi dire automatique des services, qu'il ne dépendait d'aucun gouvernement d'empêcher. A ce sujet, je crois curieux de rappeler un souvenir personnel. En 1883, la Chambre avait voté une motion réclamant une réorganisation des bureaux, par des règlements élaborés en Conseil d'État. J'étais à ce moment chef du cabinet du Sous-secrétaire d'État au Ministère de la Justice et des Cultes, et le Sous-secrétaire d'État s'occupant plus spécialement du personnel, c'est lui qui étudia les mesures à prendre en suite de ce vote. Le premier service examiné fut celui des Affaires criminelles et des Grâces; on pria le directeur (qui était alors M. Poux-Franklin) d'expliquer pour quelles causes le nombre de ses employés s'était augmenté dans une proportion que je ne me rappelle pas, de 1869 à 1883. Il expliqua la chose de la façon la plus simple du monde :

« Autrefois, dit-il, en 1869, sur 100 individus condamnés en justice, il « y en avait peut-être 15 ou 20 qui sollicitaient une grâce, une diminu- « tion de peine, une remise d'amende, etc.; le nombre des employés « chargés d'examiner ces affaires suffisait. Depuis 20 ans, au contraire, « le nombre des requêtes n'a pas cessé d'augmenter; on peut dire que « sur 100 condamnés de cet ordre, il y en a 90... sinon 100, qui adressent « un recours à la Chancellerie; et, non seulement, il faut s'occuper de

« ces recours, constituer des dossiers, correspondre avec les Parquets « généraux, réunir les pièces, — mais encore il est rare que chacune de « ces requêtes ne soit pas apostillée ou recommandée par deux ou trois « sénateurs ou députés, souvent plus, auxquels il faut bien répondre. Cela « indique comment et pourquoi le nombre des employés de la Direction « des Affaires criminelles et des Grâces est plus important aujourd'hui « qu'autrefois. » Et, en réalité, cette explication très simple, était irréfutable. Il y avait là encore la constatation d'un phénomène politique et social certain : la vie publique s'est développée, la démocratie a pris de plus en plus conscience de ses droits, et elle les invoque aussi largement que possible ; chacun se rend mieux compte des démarches à accomplir pour se défendre, pour s'élever, pour obtenir ceci ou cela. Et naturellement chacun en use. Qu'y peut-on faire ? Rien : C'est une évolution en somme très rationnelle qui se poursuit. L'augmentation du nombre des fonctionnaires en est la résultante dans une certaine mesure, celle que j'indique. Rien n'y fera.

Les causes de l'augmentation du nombre des fonctionnaires sont donc multiples. Les récriminations et les critiques risqueraient d'être injustes. En réalité, c'est l'organisation elle-même qui a donné ce qu'elle pouvait donner. Aussi est-ce en la modifiant, par une réforme d'ensemble qu'on pourra remédier à ses inconvénients constatés.

Si l'on a beaucoup dépensé d'ailleurs, c'est qu'il y avait beaucoup à faire. Et c'est le lieu de rappeler la belle parole du Jules Ferry : « La « France n'a jamais tenu rigueur à ceux qui ont voulu passionnément sa « grandeur matérielle, morale et intellectuelle. » Cette œuvre, on y a travaillé avec ardeur. Mais actuellement que l'élan est donné, le résultat obtenu, — le moment est venu d'arrêter les dépenses, de poursuivre les réformes nécessaires et les économies désirables.

LES MOYENS DE COMMUNICATIONS. — On le peut d'autant mieux, que les admirables découvertes de la science, les applications qui en ont été faites presque aussitôt, et les facilités de communications variées qui en résultent ont profondément transformé en France et ailleurs les conditions de l'existence.

Il y a 100 ans, on ne connaissait pas l'usage pratique de la vapeur et de l'électricité ; les moteurs ; les moyens de transports rapides : chemins de fer, tramways, automobiles, bicyclettes ; le service postal régulier et pénétrant partout ; le télégraphe ; le téléphone ; les câbles sous-marins, etc., etc.

Il y a 100 ans, l'on ne pouvait voyager qu'en malle-poste ou en « diligence », lourde voiture contenant 16 voyageurs, parfois 21, — pesant 4.500 kilog. toute chargée, — et faisant en 1800, 3 lieues à l'heure (soit 12 kilomètres).

Aujourd'hui on a les chemins de fer, les tramways, les automobiles, les bicyclettes, qui ont pour ainsi dire supprimé les distances.

— *Il y a 100 ans*, on mettait pour aller :

		Par « diligence »	Par « malle-poste »
De Paris à Dijon	(315 kil.).	76 heures	45 heures
De Dijon à Lyon	(197 kil.).	40 —	23 —
De Lyon à Marseille	(351 kil.).	68 —	44 —
Soit de Paris à Marseille	863 kil.	184 heures	112 heures
		plus de 7 jours et demi !	plus de 4 jours et demi !

Actuellement, en 1903, on met :

		Par train rapide h. m.
de Paris à Dijon		4 14
de Dijon à Lyon		2 34
de Lyon à Marseille		4 24
arrêts à Dijon	6 minutes	» 13
arrêts à Lyon	7 —	
Soit de Paris à Marseille : 863 kil.		11h.25 minutes.

D'où cette constatation qu'on ne met même pas une demie journée *actuellement*, pour ce trajet qui, *il y a cent ans*, demandait plus de sept jours et demi. On va donc aujourd'hui **16 fois et demie plus vite pour se rendre d'un point à un autre !**

— *Il y a 100 ans*, l'on ignorait et l'on ne prévoyait même pas les moyens de communications réguliers et rapides.

Actuellement, les divers modes de locomotion ont atteint des vitesses invraisemblables :

La vitesse des trains de voyageurs en France (en 1902) est	au maximum.	95 kilomètres.
»	au minimum.	30 »
»	en moyenne.	62 kil. 1/2.
La vitesse des automobiles	au maximum.	130 k. à l'heure
»	en moyenne.	50 kilomètres.
La vitesse des bicyclettes	au maximum.	40 »
»	en moyenne.	20 »

Et si l'on compare les statistiques relatives aux divers moyens et facilités de communication, de transport et de correspondance, d'autrefois et d'aujourd'hui, on fait les curieuses constatations que voici :

AUTREFOIS	AUJOURD'HUI
Routes	
La plus ancienne statistique remonte à *1814*. A cette époque, il y avait, à l'état d'entretien :	D'après la dernière statistique, il y avait en 1900 :
routes impériales. 12.000 kil.	*routes nationales* . . 38.072 kil.
routes départementales . . . 7.000 »	*routes départementales* 16.899 »
chemins (pas de statistique) . . (?)	*Chemins vicinaux* :
	de grande communicat. 162.338 »
	d'intérêt commun . . 70.258 »
	ordinaires . . . . 274.645 »
soit. . . . *17.000 k. de routes*	soit . . . . . . *562.212 kil*
Canaux	
A la fin du XVIIIe siècle, il y en avait : 1.004 kilomètres.	A la fin de 1902, il y en avait : 4.930 kilomètres.
Chemins de fer	
Inconnus	*Longueur exploitée* au 31 décembre 1902 :
	Intérêt général . . 39 127 kil.
	Intérêt local . . . 5 761 »
	44 888 kil.
	Nombre au 31 décembre 1901 :
	Locomotives 11 487
	Voitures à voyageurs . 30.214
	Fourgons grande vitesse 15.784

AUTREFOIS	AUJOURD'HUI
	Chemins de fer (*suite*)
Inconnus	Wagons, marchandises et divers . . 288.166 *Voyageurs transportés* en 1901. . . . . . . 502 783,047 *Tonnes de marchandises* en 1901. . . . . . 128 158.568

Tramways

AUTREFOIS	AUJOURD'HUI
Inconnus	*Longueur exploitée au* 31 décembre 1902 : Lignes à voyageurs et marchandises . . . . 3.688 kil. Lignes à voyageurs seulement ou voyageurs et messageries . . . . 1.740 » 5.428 kil. sans compter les très nombreux *tramways urbains* qui existent à présent dans toutes les grandes villes. *Voyageurs transportés* en 1901. . . . . . . 648.383 290 sans compter ceux plus nombreux encore des tramways urbains.

Automobiles

AUTREFOIS	AUJOURD'HUI
Inconnues	Plusieurs milliers de voitures.

Vélocipèdes

AUTREFOIS	AUJOURD'HUI
Inconnus	1.250.000 payant la taxe (1902).

Postes

Il y a 100 ans, les localités desservies par les entreprises privées « messageries » ou « maîtres de poste », étaient l'énorme exception. — *En 1815*, nombre de villes étaient encore dépourvues de correspondances régulières. — Les lettres arrivaient dans les bureaux de poste, et y restaient ; on venait les y retirer ; elles n'étaient distribuées à domicile que dans les villes de plus de 4.000 âmes, et avec un supplément de taxe. — *En 1830*, le service de distribution dans les villes se compléta. — *En 1849*, enfin, fut appliquée la taxe uniforme, suite de la réforme de 1848.

— *Nombre des bureaux de poste* 4.222 . . . . . . (1860)

— *Circulation postale* :
- 103 millions d'objets transportés. . . . . . . (1830)
- 122 millions d'objets transportés. . . . . . . (1848)
- 293 millions d'objets transportés. . . . . . . (1871)

D'après les chiffres et statistiques officiels de « l'Almanach de Gotha », de « l'Almanach de Paris », et du « Bureau international de Berne », on constate actuellement :

Bureaux de postes : 11.044 (en 1901)
Boîtes aux lettres : 67.230 (en 1901)

Circulation postale (lettres, cartes, imprimés, colis, etc.) (1901) :

Envois à l'intérieur	2.039.617.614	2.434.780.567
Venus de l'extérieur	112.629.073	
Allant à l'étranger	158.009.132	
Transit . . .	124.524.748	

Parcours du service postal (1900) : 523.534,719 kil., dont 329.701.860 kil. par des facteurs, et 65.413.376 par des courriers.

AUTREFOIS	AUJOURD'HUI
Télégraphes.	
Il y a 100 ans, l'on ne connaissait que la télégraphie par signaux aériens (système Chappe), dont les premières lignes furent établies en 1793. La Télégraphie électrique ne vint qu'un demi-siècle plus tard. *En 1852*, il y avait : 43 *bureaux de télégraphe*, 3.548 *kilomètres de fils*, 48.105 *dépêches transmises*.	D'après les statistiques officielles, il y a, actuellement (1903) : 13.963 *bureaux télégraphiques*, 403.578 *kilomètres de fils*, 205.594.253 *dépêches transmises* (1902).
Téléphones	
Inconnus	104.425 *stations et postes* (en 1903), 549.139 *kilomètres de fils*, 185.660.696 *conversations* (1902).

Est-il possible de soutenir que tout cela n'a rien changé, non seulement en France, mais dans le monde entier ; que la façon de vivre n'a pas été totalement modifiée ; que le public n'a pas des facilités de communiquer, de voyager et de correspondre, qui n'existaient pas autrefois ?

Et n'en doit-on pas conclure forcément que l'organisation administrative créée il y a 100 ans, qui était alors bonne et appropriée aux conditions de l'existence, — ne correspond plus à la situation nouvelle résultant des découvertes scientifiques de toutes sortes, faites au XIXe siècle ?

Le *chemin de fer* a tué la *diligence*.

La *Région administrative* doit logiquement tuer le *Département*.

Que ce soit de suite, un peu plus tôt ou plus tard, cela est fatal.

LE DÉVELOPPEMENT ÉCONOMIQUE. — Grâce à cette transformation et à l'activité qui en est résultée partout, — le développement économique, commercial et industriel du pays a pris une extension considérable, inouïe, dont on peut juger par les indications suivantes :

Commerce

Nombre des commerçants	en 1869	1.775.681
»	en 1898	2.130.886
Total de nos échanges commerciaux	en 1787	1 milliard environ
(commerce général)	en 1901	10 milliards 826 millions
Commerce général des Colonies françaises	en 1870	362.000.000
	en 1901	839.129.459 dont 474.610.977 avec la France
Encaisse de la Banque de France	en 1869	1 milliard 300 millions
»	en 1901	3 milliards 575 »
Montant des opérations de la Banque	en 1869	7 milliards 275 millions
»	en 1899	17 » 833 »
Circulation moyenne des billets de banque	en 1880	2 milliards 305 millions
	en 1899	3 » 820 »

Industrie

Consommation de la houille	en 1869	21.432.000 tonnes
	en 1899	45.000.000 »
Nombre de machines employées dans l'industrie	en 1869	26.221 tonnes
»	en 1898	92.000

Puissance de ces machines en chevaux vapeur . . . en 1869 320 000 ch
en 1898 6.780.000

Production métallurgique . . . . en 1869 2 393 944 t.
en 1899 4 651.516

Expositions de Paris. . . . . . . nombre d'exposants en 1853 14.000
» en 1900 75.500
nombre de visiteurs en 1853 4 200.000
» en 1900 50 800.000

Conditions d'existence, épargne, etc.

Population de la France . . . . en 1801 27 millions d'habitants
en 1821 30 »
en 1851 35 »
en 1872 36 »
en 1902 38.961.945

Nombre des illettrés . . en 1870, sauf à Paris, 1 français sur 3 ne sait pas lire (33 %)
» 1 française sur 2 ne sait même pas signer (50 %)
en 1898, il y a 4,7 % d'illettrés hommes
» 7,2 % d'illettrées femmes

Salaires moyens des ouvriers en province: ouvriers en 1840 2 fr. 07 par jour
» en 1891 4 fr. »
ouvrières en 1840 1 fr. 02 par jour
» en 1891 2 fr. 20 »

Salaires industriels quotidiens à Paris: maçons en 1805 3 fr. 25
» en 1899 7 fr. 50
charpentiers en 1805 3 fr.
» en 1899 9 fr.
menuisiers en 1805 3 fr. 50
» en 1899 7 fr.
forgerons en 1805 5 fr. 50
» en 1899 8 fr.

Soldes de l'armée. Colonel . . . . . en 1870 6 000 fr. par an
» en 1900 8.136 »
Capitaine . . . . en 1870 2.750 fr. par an
» en 1901 3 500 avant 5 ans de grade
5.000 après 12 ans.
Sous-lieutenant en 1870 1.850 fr. par an
» en 1901 2.340 »

Consommation du café. . . . . en 1876 53 millions de kilog.
en 1899 81 » »

Consommation du tabac. . . . . en 1876 31 millions 1/2 de kilog.
en 1898 38 » »

Total des Dépôts dans les quatre grands établissements financiers français . . . . Crédit foncier. . . . . . Crédit lyonnais. . . . . . Comptoir d'escompte. . Crédit industriel. . . . en 1875 500 600.000
en 1900 1.397.000.000

Annuités successorales. . (valeurs taxées) meubles. . . . . en 1869 1.654.200
» en 1898 3.036.100
immeubles. . . . . en 1869 1.982.500
» en 1898 2.659.100
meubles et immeubles. en 1869 3.636 700
» en 1898 5.695.200

Caisses d'épargne : nombre d'établissements et succursales	en 1818	12
»	en 1902	2.246
nombre de livrets	en 1869	2.130.768
»	en 1902	7.328.735
solde dû aux déposants	en 1869.	711.174.833 fr.
le 31 décembre	en 1899	4.336.765.000 fr.
Sociétés de Secours mutuels : nombre de sociétés (légalement créées en 1835)	en 1872	5.793
»	en 1898	11.372
nombre d'adhérents	en 1872	800.000
»	en 1898	1.862 000
dépôts et fonds de retraites	en 1878	1 milliard 16 millions
»	en 1900	3 milliards 427 »

Tout cela prouve combien a été grande la tranformation qui s'est opérée dans le pays. On le verrait plus clairement encore si nos chiffres de comparaison avec ceux de l'*époque actuelle* pouvaient tous remonter plus loin, c'est-à dire à l'*époque où fut créée la division administrative* qui est celle de la France encore aujourd'hui, à la fin du XVIIIe siècle. Mais en ces temps là on n'avait pour ainsi dire aucune notion ni de ces études d'ensemble, ni de la statistique.

LA DÉCENTRALISATION. — L'organisation actuelle de nos diverses administrations, datant de l'an VIII, c'est-à-dire d'une époque si différente de la nôtre, n'est évidemment plus en rapport avec la situation résultant du prodigieux essor dont nous venons de rappeler les principaux signes caractéristiques.

Cette organisation s'inspirait de la méthode *centralisatrice*, qui tend à augmenter la centralisation des pouvoirs et la tutelle administrative.

La *Décentralisation* est la méthode contraire, celle qui vise à diminuer cette concentration et cette tutelle.

La première est faite pour les pays neufs, pour ceux où l'autorité est insuffisamment assise, le gouvernement incertain du lendemain, et la liberté mesurée. La seconde, au contraire, convient aux Etats plus puissants, dont l'unité est réalisée et indiscutée, dont les institutions n'ont pas à redouter les assauts de l'opposition, et qui peuvent travailler dans la paix et la liberté à leur perfectionnement intellectuel, matériel et social : elle peut être considérée comme une seconde phase, supérieure à la précédente, et destinée à la remplacer en quelque sorte naturellement, en vertu des lois de l'évolution et du progrès.

La décentralisation doit venir à son heure.

Sagement conçue et pratiquée, elle peut et doit constituer le véhicule des réformes, de la bonne administration, de la prospérité publique ; elle peut et doit faire surgir les initiatives fécondes.

Lorsqu'elles furent créées, il y a plus d'un siècle, — avec le cadre qu'elles ont encore aujourd'hui, — nos administrations étaient fortement centralisées Elles le sont restées à peu près dans la même mesure. Et les changements survenus au point de vue économique et de la multiplicité des moyens de communications, rendent actuellement plus sensible et plus gênante cette centralisation appropriée à notre état social, à nos mœurs administratives d'il y a 100 ans.

Le second Empire, comprenant la nécessité de donner satisfaction aux tendances décentralisatrices qui, dès ce moment-là, se manifestaient, voulut faire un premier pas dans cette voie. Le décret-loi du 15 mars 1852 y pourvut. L'exposé des motifs disait : « considérant que depuis la chute « de l'Empire, des abus et des exagérations de tout genre ont dénaturé le « principe de notre centralisation administrative, en substituant à l'action [illegible] des autorités locales, les hautes [illegible] de l'administration [illegible], considérant qu'on peut gouverner de loin, mais qu'on n'administre bien que de près ; — qu'en conséquence, autant il importe de centraliser l'action gouvernementale de l'État, autant il est nécessaire de décentraliser l'action purement administrative, etc. »

Ce décret augmenta l'initiative des préfets, et leur droit de décision en maintes affaires départementales et communales laissées jusqu'alors à l'appréciation de l'État et des ministres ; il étendit en outre le droit de nomination des préfets pour certaines catégories de fonctionnaires des départements et des communes.

Depuis lors, les théories décentralisatrices furent fréquemment agitées dans les milieux politiques, — à la suite de l'enquête agricole de 1860-1862 d'abord, puis plus tard, au Congrès de Nancy qui élabora tout un programme en ce sens, que la grande tourmente de 1870 fit tomber dans l'oubli.

A son tour, la République a donné quelques coups de hache dans la citadelle centralisatrice, notamment en remaniant les attributions des Conseils généraux, et surtout celles des Conseils municipaux et en donnant à ces assemblées le pouvoir de nommer les maires, etc.

Il est indispensable de poursuivre cette œuvre, de l'achever, dans un esprit hardiment réformateur et libéral. Et c'est par la substitution des grandes *Régions* aux trop étroits Départements, qu'elle peut s'accomplir.

Décentraliser, ce sera donner plus *d'indépendance et d'autonomie aux divisions administratives*, régions, départements et communes, les libérer de l'intervention continue du pouvoir central et leur permettre de trancher elles-mêmes dans le plus grand nombre de cas les questions qui les intéressent, — tout en simplifiant les formalités souvent ridicules imposées à présent pour la solution des moindres affaires.

Ce sera de même *favoriser les institutions utiles d'assistance et de prévoyance*, en leur donnant le moyen de se constituer [illegible] groupements rationnels et de suffisante importance : *Caisses de retraite régionales*, pour les fonctionnaires et pour les simples particuliers, *Caisses d'Assurance régionales* ou de *Mutualité*, pour l'assurance sur la vie, contre l'incendie, contre la mortalité du bétail, la grêle, les accidents, et le chômage ; *Fondations hospitalières régionales*, pour les secours [illegible] [illegible] des [illegible] incurables, des [illegible] aliénés.

Décentraliser, ce sera *seconder le développement économique du pays*, à l'aide de groupements régionaux pour le *Crédit agricole régional* (le [illegible] possible et pratique peut-être), pour les *Compagnies de chemins de fer régionales* (ayant des éléments de prospérité plus certains que les Compagnies départementales), pour des *Banques régionales* (analogues aux Banques cantonales qui fonctionnent avec tant de succès en Suisse), pour la fondation de *Sociétés commerciales et industrielles* ayant de nombreux comptoirs à Paris, en France et à l'étranger, pour faire connaître et écouler plus aisément les produits spéciaux à la Région.

Bien plus, par la décentralisation, l'on aura des chances d'attacher plus [illegible] chaque citoyen français au sol de sa « Petite Patrie » [illegible] pour la grande ; — en donnant un terrain d'action plus grand et plus intéressant aux Associations si variées dans lesquelles [illegible] [illegible] intellectuelle des centres provinciaux : *Sociétés* [illegible] *littéraires, scientifiques*, — *Sociétés d'émulation* [illegible] (comme celles de [illegible] et d'ailleurs), *Sociétés de* [illegible] *gymnastique*, etc.). Il n'est même pas chimérique d'espérer [illegible] *utilement la si désastreuse dépopulation des campagnes*, en doublant l'attrait de la vie provinciale et de la vie des champs, et en en faisant mieux comprendre les avantages réels. Par combien de moyens on pourrait y arriver ! D'abord, en s'appliquant à honorer les gloires locales dans leurs communes d'origine, par exemple, en suivant le conseil que donnait ces jours-ci le Président de la République à « la Société Nationale d'Encouragement au Bien » ; c'est-à-dire en plaçant dans les Mairies le tableau des noms de tous les braves gens qui se sont signalés par leurs services, leur talent ou leur courage. Puis aussi en faisant renaître les usages du vieux temps, les fêtes traditionnelles, les jeux locaux ; en poussant les populations des campagnes, à reprendre sans hésitation, ces pittoresques costumes régionaux qui avaient autrement de grâce et de charme que les « modes de Paris »...

En un mot, décentraliser, ce sera donner aux Assemblées régionales qui se placeront au dessus des Conseils généraux, pleine liberté pour affirmer leurs droits, appliquer leurs conceptions particulières, et s'affranchir de la servitude de l'Etat. Ce sera leur laisser la faculté de travailler selon leurs vues propres à la défense des intérêts privés de leur Région, dans ce qu'ils ont de non contraire à l'intérêt général. Ce sera empêcher que Paris absorbe plus longtemps les forces vives de la nation, attire à lui les talents, les intelligences, les initiatives, au détriment du reste de la France. Ce sera répudier cette domination factice, déprimante et injustifiée, et mettre un terme à l'émigration continue vers la capitale. Ce sera enfin rendre la vie à ces admirables foyers d'activité intellectuelle et de rayonnements dissemblables qu'étaient jadis les Provinces, et qu'on peut reconstituer aujourd'hui dans une certaine mesure, dans ce qu'ils avaient de bon, sans aucun danger pour le pays, puisque notre unité nationale est complète et que l'esprit particulariste a disparu partout.

Décentraliser, ce sera tout cela, aisément, et pour peu qu'on le veuille, — grâce aux grandes Régions !

Un Exemple typique

Pour bien faire saisir à tout le monde, les complications insensées, imposées par nos administrations centralisées, à la moindre affaire je vais citer un exemple typique.

C'est celui d'une Commune de la Drôme, celle de Dieulefit, voulant créer des fontaines, en 1885, pour remplacer les siennes qui, par suite d'un éboulement, ne donnaient plus d'eau. J'en résume les invraisemblables phases, d'après un article du *Temps*, paru en 1888.

Donc, voulant avoir des fontaines et de l'eau, le *Conseil municipal*, en 1885, fait étudier d'urgence un projet complet, par un *ingénieur hydraulicien*. Celui-ci découvre des sources voisines, et le 12 février 1886, le *Conseil municipal* approuve un projet dont la dépense nécessitera un emprunt de 60,000 fr. remboursable en 30 ans.

Le dossier préparé par le *Maire* est transmis à la *Sous-Préfecture* de Montélimar. Le *Sous-Préfet* le retourne au Maire pour le compléter. Le *Maire* le lui envoie. Le Sous-Préfet le communique au *Conseil d'hygiène* de l'Arrondissement, qui approuve. Le dossier revient au *Sous-Préfet* qui donne son avis et le transmet au *Préfet*. Celui-ci approuve, et le soumet au *Conseil des bâtiments civils du Département*, qui le renvoie au *Préfet* pour qu'on indique la qualité du ciment à employer. Le Préfet le renvoie donc au *Sous-Préfet*, le Sous-Préfet au *Maire*, le Maire à l'*Ingénieur* auteur du projet. L'Ingénieur donne le renseignement, et réexpédie le dossier au *Maire*, le Maire au Sous-*Préfet*, le Sous-Préfet au *Préfet*, le Préfet au *Conseil des bâtiments civils* du département. Mais avant de statuer, ce Conseil veut avoir l'avis du Comité d'hygiène de France, et pour cela transmet le dossier au *Préfet*, qui l'envoie au *Ministère du Commerce*, qui l'adresse au *Comité d'hygiène de France*. Mais celui-ci avant de se prononcer, demande un échantillon d'eau au *Maire*, qui en envoie 5 bouteilles audit Comité, qui, l'ayant analysée, donne un avis favorable, et réexpédie le dossier au *Ministre du Commerce* qui le renvoie au *Préfet*, qui le fait suivre au *Conseil des bâtiments civils*, et avise en même temps le *Sous-Préfet* qui prévient le *Maire* !

Désormais éclairé, le *Conseil des Bâtiments civils* approuve, avec deux petites réserves. Et le 4 Décembre 1886, le *Préfet* annonce au *Sous-Préfet* qui en informe *le Maire* que le dossier vient d'être transmis au *Ministère de l'Intérieur*. On l'y examine, et on l'envoie au *Ministère des Travaux publics*, pour avis. Celui-ci le communique au *Conseil général des Ponts et Chaussées*, qui pour s'éclairer, l'envoie à l'*Ingénieur en chef* de la Drôme, pour avis. Celui-ci le communique à l'*Ingénieur ordinaire* à Montélimar, qui va à Dieulefit, et retourne le dossier à l'*Ingénieur en chef*, avec avis favorable. Le bienheureux dossier se trouvait là, — depuis plusieurs mois, sommeillant, quand les bureaux de l'ingénieur en chef vinrent à être détruits par un incendie. Plus de dossier !!!

L'*Ingénieur en chef* envoya un de ses *Ingénieurs* auprès du *Maire.* / Mais heureusement *le Maire* qui est M. Charles Noyer, Conseiller général, un administrateur vigilant, avait gardé un double du dossier. Il le reconstitue et le remet à l'*Ingénieur en chef*, qui l'annote et l'envoie au *Conseil général des Ponts et Chaussées*, et par surcroit demande au *Maire* quelques renseignements complémentaires qui arrivèrent à ce Conseil après qu'il eut statué ! Et cela avait pris du temps cependant, car le *Conseil général des Ponts et Chaussées* réclamant une pièce qui manquait au dossier reconstitué (l'avis du Comité consultatif d'hygiène de France), en avisa le *Ministre des Travaux publics*, qui saisit le *Ministre de l'Intérieur*, qui écrivit au *Préfet* de la Drôme, qui écrivit au *Sous-Préfet* de Montélimar, qui prévint *le Maire*. Le Maire n'ayant pas cette pièce détruite par l'incendie, en demanda le double au *membre du Comité* qui avait fait le rapport ; celui-ci répondit qu'il n'en existait pas. *Le Maire* fit alors prendre une simple copie de la première analyse faite par le *Conseil d'hygiène* de Montélimar, et l'envoya au *Sous-Préfet*, celui-ci au *Préfet*, ce dernier au *Ministre de l'Intérieur*, qui la fit tenir au *Ministre des Travaux publics*, qui l'envoya au *Conseil général des Ponts et Chaussées*, qui daigna s'en contenter !!!

On croyait que c'était fini. Mais il y avait les *Cartons* fameux, propices au doux repos des dossiers. Le *Maire*, M. Ch. Noyer, attendait toujours et ses administrés aussi ! A bout de patience, il écrit à un *Député* du Département, qui alla trouver le *Sous-Secrétaire d'Etat à l'Intérieur*, qui fit des recherches et apprit que le dossier était encore au *Ministère des Travaux publics*. Il en avertit le *Député*, qui, s'adjoignant plusieurs collègues, alla trouver le *Ministre des Travaux publics*. Ce dernier, pressant les choses, fit retourner le dossier au *Conseil des Travaux publics*, et avisa aimablement les 5 *Députés* qu'il allait le transmettre au *Ministère de l'Intérieur*, avec un avis favorable. Le Ministre de l'Intérieur saisit sa *Direction des affaires Départementales et Communales*, qui y mit une sage lenteur. Aussi le *Député* retourna au *Ministère de l'Intérieur* pour presser l'affaire. On était déjà en juillet 1887, et les habitants de Dieulefit n'avaient toujours pas d'eau... Le Ministre, confirmant l'avis du Préfet, prépara un décret autorisant l'emprunt. Ce Décret passa alors par l'Elysée, pour être signé par le *Président de la République*, puis, pour la même formalité, par le *Ministère de l'Intérieur*, et par la *Direction du Personnel et du Secrétariat* (pour ampliation), par la *Préfecture* (pour copie conforme), par la *Sous-Préfecture* (pour copie également conforme), et aboutit à la *Mairie* (pour troisième copie conforme)

L'honorable M. Ch. Noyer, *le Maire*, en avait donc fini. Il le croyait du moins. Il porta le dossier à la succursale du *Crédit foncier*, à Valence. Le directeur exigea une autre copie certifiée conforme au décret, qu'il fallut demander à *la Sous-Préfecture*. Le Sous-Préfet la lui envoya, et il la transmit à la *Succursale du Crédit foncier*. Mais le directeur de cet établissement poussa de suite les hauts cris, en découvrant une erreur dans le Décret !!! On y avait compté les 30 années pour amortir l'emprunt, à partir du 1er janvier 1887, et le Décret était du 5 juillet ; la période à courir n'était donc que de 29 années et demie ! Après *d'interminables démarches*, on transigea : l'emprunt fut de 58.120 francs au lieu de 60.000

Alors, on retourna à la Préfecture, car il fallait l'approbation du *Préfet* pour le traité passé avec l'entrepreneur. *Le Maire* constitua un nouveau dossier, le transmit au *Préfet*, qui l'approuva (14 décembre 1887). Mais l'époque ne se prêtant plus à ces travaux, il fallut attendre mai 1888. Et en octobre de la même année, les sources captées furent *mises en adjudication* après nombre d'autres démarches à *la Préfecture*.

Ainsi, sans qu'il y ait eu négligence de personne, tout le monde y ayant, comme l'on dit, mis du sien, — mais par la seule nécessité de suivre la filière administrative, il avait fallu 2 ans et demi pour obtenir ce qui raisonnablement eût pu l'être en 2 mois!

La faute en est au système, à la *Centralisation*.

Cet exemple typique, au récit sommaire duquel il faudrait ajouter des dessins ou de la musique gaie, — n'étonnera certainement aucun conseiller général, aucun conseiller d'arrondissement, aucun conseiller municipal, aucun maire ou adjoint de France, c'est-à-dire aucun de ceux qui ont été, ne fut-ce qu'un jour, en rapport avec l'Administration.

Mais il étonnera certainement beaucoup cette Administration, habituée à ces lenteurs, à ces formalités multiples, à ces chinoiseries, — et qui, les accomplissant chaque jour tranquillement, consciencieusement, bureaucratiquement, — les trouve parfaitement naturels et indispensables, sans se rendre compte de leur cocasserie.

Comment un pays comme le nôtre aura-t-il pu s'accommoder si longtemps de tels procédés? Comment ceux qui le représentent hésitent-ils un instant à les modifier?

LE FORMALISME ADMINISTRATIF. — Une réforme organique d'ensemble n'est pas seulement désirable pour enrayer la marée montante du fonctionnarisme, — pour donner satisfaction aux besoins nouveaux résultant de la multiplicité des moyens de communication, — et pour doter le pays des mesures de décentralisation qu'il réclame. Elle l'est encore et surtout pour briser les vieux cadres de nos Administrations, pour en modifier profondément les coutumes, et pour remédier à ce formalisme outré, absurde et gênant dont chaque citoyen et chaque électeur a été quelque jour à même de ressentir les effets vexatoires.

L'amour de la forme, de la formule toute faite (fût-elle inepte), de la procédure identique et de la complication, domine toutes nos administrations.

D'où cela vient-il? Surtout de la préoccupation qu'a tout fonctionnaire français, de justifier l'importance du poste qu'il occupe, de l'enfler aux yeux du public, et de se l'exagérer à lui-même. Et aussi de l'idée qu'il se fait presque toujours que sa fonction est inférieure à ses capacités réelles; que son traitement n'est pas suffisant; que s'il avait choisi une autre carrière, il serait dans une situation plus brillante; et qu'il en donne toujours assez à l'Etat et au public pour leur argent...

Pour ces raisons diverses, derrière son guichet, dans son bureau, sur son rond de cuir, le fonctionnaire français est dans un état d'âme qui l'incite trop souvent à soulever de petites difficultés mesquines, des complications imprévues. L'exemple lui vient de haut. Car les chefs tenant eux aussi à affirmer leur importance, — bien que très braves gens, et croyant manifester leur dévouement au service, — s'ingénient à soulever des espèces, à couper des cheveux en quatre, à multiplier les formalités longuement énumérées dans des circulaires redondantes, dont l'insuffisante clarté en motive souvent d'autres, explicatives. Les inférieurs, tenus en haleine constamment par cette littérature, troublés dans leurs habitudes, s'emploient à leur tour à en assurer l'application sans discernement ni largeur de vues, sans atténuations raisonnables, sans chercher à faciliter les formalités au public qui cependant paye pour être servi, non pour être gêné.

2

OPPORTUNITÉ DE L'ORGANISATION RÉGIONALE

tenant compte de la configuration géographique, de la situation des grandes villes comme centre administratifs, des facilités de communications, des courants commerciaux, de la production locale et aussi des affinités techniques, des considérations historiques et politiques.

Un exemple

Pour indiquer clairement la façon dont nous concevons cette réforme, prenons pour exemple une ancienne Province dont les subdivisions se précisent bien sur la carte : la Franche-Comté. Avec ses trois départements (Doubs, Jura, Haute-Saône), auxquels s'ajouterait logiquement le Territoire de Belfort, elle deviendrait une *Région*. Actuellement les unités administratives qu'elle comporte sont : 3 Départements et Belfort qui a une organisation similaire, — soit 4 Départements, avec 4 Préfets, plus 12 arrondissements avec 12 Sous-préfets. Avec la réforme dont nous parlons, ces territoires formeraient une seule *Région*, avec 1 Préfet à Besançon et 3 Sous-Préfets à Lons-le-Saunier, Vesoul et Belfort.

Cela seul suffit pour montrer la transformation de l'Administration proprement dite et du cadre dans lequel elle se meut. Toutes les autres branches administratives se simplifieraient de même. On aurait pour cette *Région* de Franche-Comté : 1 Trésorier-Payeur Général au lieu de 4, avec 3 Receveurs des Finances au lieu de 12 ; — 3 Tribunaux (ou 4 avec Belfort, que l'on considère patriotiquement comme le glorieux débris de l'ancien Département du Haut-Rhin), au lieu de 12. Un Directeur de l'Enregistrement, 1 Directeur des Contributions directes, etc., au lieu de 4. Ainsi du reste.

Quant aux fonctionnaires dont la circonscription coïncide plus ou moins avec le canton ou une partie du canton, dans la plupart des cas, on pourrait aisément doubler leur ressort : faire une justice de paix de 2 actuelles, et souvent 2 perceptions de trois actuelles, etc.

Tout cela pourrait se réaliser sans secousse, normalement, en relevant même dans une certaine mesure les traitements des fonctionnaires maintenus, puisqu'on exigerait d'eux plus de travail.

Il y aurait de même une seule Délégation régionale, au lieu de 4 Conseils généraux (dans des conditions indiquées plus loin), et 3 Conseils généraux (4 avec Belfort) ayant des attributions à déterminer, et intermédiaires entre celles des Conseils généraux et celles des Conseils d'Arrondissement. On ferait cadrer les attributions de ces Assemblées avec les unités administratives nouvelles, et on les doterait d'une large autonomie.

Les Préfets retrouveraient, grâce à cette organisation, une autorité effective et indiscutée.

Et les mesures de décentralisation, attendues depuis si longtemps, deviendraient d'une application facile et féconde.

La France serait en possession de l'organisme neuf, souple, économique qu'exigent ses institutions démocratiques, son état social et l'époque actuelle.

ORGANISATION ADMINISTRATIVE DE LA FRANCE. — Avant d'indiquer, telles que nous les concevons, les bases de cet organisme nouveau, il est nécessaire de rappeler sommairement l'historique et les éléments de l'Organisation administrative, telle qu'elle fonctionne actuellement en France.

Création des Départements

Désireux de poursuivre l'œuvre de l'unité française, l'Assemblée Constituante, par le Décret du 27 décembre 1789, supprimant les Etats provinciaux et les Assemblées provinciales, créa l'administration départementale sur la base suivante, que développa l'instruction du 8 janvier 1790 :

La France fut divisée en 83 *Départements*.

Une Assemblée administrative de 36 membres élus, constituait l'Administration Départementale. Elle élisait elle-même et dans son sein : 8 membres formant le *Directoire du Département*, chargé de l'Administration active ; — un *Procureur général syndic*, instruisant et « suivant » les affaires ; — un *Conseil de Département*, ayant mission de recevoir les comptes de gestion, et délibérant au cours d'une session annuelle, sur les affaires concernant le Département.

Le Département était subdivisé en *Districts* (qui devinrent plus tard les Arrondissements). Une *Assemblée de District*, élue, nommait : un *Directoire de District*, chargé de l'exécutif dans le district, sous l'autorité de l'Administration départementale ; — un *Procureur syndic*, et un *Conseil de District* subordonnés, eux aussi, aux autorités départementales.

Le vice de cette organisation était qu'après avoir sagement distingué entre « la délibération » et « l'action », elle confiait celle-ci à une Assemblée, à un corps composé de plusieurs personnes, — alors que rationnellement, « délibérer » est le fait de plusieurs, et « agir » le fait d'un seul.

Constitution de l'An VIII et modifications suivantes

Reconnaissant cette erreur fondamentale, et les inconvénients qui n'avaient point tardé à en résulter, — la Constitution de l'An VIII remania l'organisation Départementale. Elle eut soin de maintenir la distinction de principe entre la délibération et l'action, confiant la première à une Assemblée, le Conseil général, et la seconde à un seul fonctionnaire, le Préfet.

Divers décrets ou lois modifièrent ou complétèrent par la suite, l'organisation de l'An VIII, notamment : le décret du 9 avril 1811 qui reconnut aux Départements le droit de propriété ; les lois de 1833 et 1838 donnant aux Départements leur véritable organisation ; les lois de 1831 et 1837 sur les attributions municipales ; le décret de 1852 sur la décentralisation, dont nous avons parlé ; la loi de 1871 sur les Conseils généraux, et la grande loi municipale de 1884.

Organisation actuelle

De ces diverses lois, dont la Constitution de l'An VIII restait la base, est résultée l'organisation administrative actuelle, qui comporte 87 *Départements* pour la France.

Chaque *Département* est administré par un *Préfet*, nommé par le pouvoir central, assisté d'un *Conseil général* élu à raison de 1 membre par canton.

Le Département est subdivisé en *Arrondissements*, administrés (sauf ceux des chefs-lieux de Départements), par des *Sous-Préfets*, nommés par le pouvoir central, et assistés de *Conseils d'Arrondissements*, élus par les cantons.

Enfin, l'Arrondissement comprend plusieurs *Cantons*, sans organes administratifs spéciaux, et qui sont des unités, à peu près uniquement au point de vue électoral, pour la nomination des Conseillers généraux et d'arrondissement.

LES PROMOTEURS DES « GRANDES RÉGIONS ». — L'idée de remplacer les *Départements* par des *Grandes Régions*, comme unités administratives, n'est pas nouvelle. Car la division par Départements était à peine faite qu'elle donnait lieu aux critiques assez vives des uns, et aux récriminations des autres. Improvisée, baclée rapidement et sans étude suffisante, elle ne tenait pas suffisamment compte des nombreuses considérations qui eussent dû inspirer ceux qui assumèrent cette tâche délicate. Néanmoins elle s'est acclimatée dans le pays, on s'y est habitué, — à tel point que beaucoup de gens considèrent aujourd'hui comme de dangereux novateurs ceux qui conseillent de la faire disparaître pour doter le pays de subdivisions plus modernes, plus larges, mieux appropriées à nos mœurs et à notre époque.

Donc à maintes reprises, on a demandé cette réforme.

Un député du Doubs, M. Charles Beauquier, s'en est constitué l'apôtre infatigable et convaincu, et depuis plus de 20 ans il s'est attaché à proposer cette substitution des Régions aux Départements, pour doter la France d'une Administration plus pratique et aussi pour faciliter la réalisation d'économies sérieuses. Il a publié nombre de brochures, déposé plusieurs propositions de lois, et si le Parlement se décide quelque jour à accomplir cette œuvre si utile — on pourra dire que ce sera surtout à M. Beauquier qu'on le devra.

D'autres cependant l'avaient précédé dans cette voie, et c'est dans une de ses propositions même que nous puisons une partie des indications suivantes concernant les promoteurs successifs de l'organisation régionale.

Dès *1829*, M. de Martignac, Ministre de l'Intérieur, indiquait au Parlement qu'il serait favorable à un remaniement des circonscriptions administratives.

En *1838*, plusieurs rapports parlementaires dénotaient chez leurs auteurs cette préoccupation de modifier la division départementale.

En *1855*, Vivien, dans « Etudes administratives » se plaignait que « le territoire des départements fût trop étroit, et leur nombre trop grand ».

En *1871*, M. de Limayrac demandait que « plusieurs départements fussent groupés en larges circonscriptions. »

Plus tard, à propos de la suppression des sous-préfectures de Saint-Denis et de Sceaux, Gambetta indiquait l'utilité d'un remaniement de ce genre.

En *1886*, un député de Seine-et-Oise, M. Colfavru, étudiait la question.

En *1886* également, un Conseiller général de la Drôme, qui siège encore dans cette Assemblée et y tient une place distinguée, M. Charles Noyer, maire de Dieulefit, publiait une notice sur *La Réforme administrative, simplification et amélioration des services*, avec ce sous-titre « Economie de quatre millions ». Exagérant volontairement ses conclusions, pour attirer plus sûrement l'attention du public, et laisser à la discussion le soin de ramener les choses au point (ainsi qu'il me l'écrivait récemment en me communiquant ce projet vieux de 17 ans déjà, et en m'encourageant à défendre cette réforme), M. Charles Noyer proposait de diviser la France en 6 grandes Régions, nombre évidemment beaucoup trop faible. Il demandait de « prendre pour unité administrative, l'arrondissement qui n'existe qu'à l'état de fiction, de lui donner la vie, et de supprimer les Départements. » Les Sous-Préfets se voyaient transférer les pouvoirs administratifs des Préfets. Et les Arrondissements étaient groupés au nombre de 49 ou 50, pour constituer la Province, à la tête de laquelle était placé un Administrateur, représentant immédiat du Gouvernement. La France se trouvait ainsi répartie en 6 Provinces au lieu de 87 Départements. La proposition de M. Ch. Noyer avait en réalité pour but de faire faire un pas à la question, d'intéresser le public à cette idée qui, depuis lors, est restée dans l'esprit de quantité d'hommes politiques, de corps élus, et de simples électeurs. Il reçut de précieuses adhésions, notamment de plusieurs représentants de la Drôme, à commencer, croyons-nous, par celle du respecté M. Loubet qui avait pris intérêt à cette étude, puis de MM. Bizarelli, Chevandier et Maurice Faure.

En *1887*, dans un rapport sur les Sous-Préfectures, M. Goblet constatait que « les divisions administratives créées en 1789, pour un état de choses différent n'ont plus de raison d'être, et qu'elles doivent en grande partie disparaître. »

Vers cette même époque, M. Reynaud, ancien haut fonctionnaire des Finances, exposait les raisons qui militent en faveur d'une révision de la division administrative, et de la suppression des emplois inutiles.

En *1890*, M. Charles Beauquier déposait son importante proposition tendant à substituer aux Départements, *22 Régions* ; à supprimer les Arrondissements et leurs Conseils ; et à remplacer les Préfets par les *Commissaires régionaux* représentant le Gouvernement et chargés de faire respecter la loi et d'assurer les décisions du *Conseil régional*. Ce Conseil, loin d'avoir les attributions réduites des Conseils généraux, devait avoir les pleins pouvoirs de la gestion directe, avec un important budget et des attributions très étendues. Il nommait son *Comité exécutif* et statuait sur tous les intérêts de la région. Le Comité exécutif assurait l'application des décisions prises, et traitait les affaires actuellement dévolues à l'administration préfectorale. Le Commissaire général avait à sa disposition la force publique, veillait au bon ordre et à la sûreté des personnes et des biens.

Et M. Abel Hovelacque, député, en déposait une autre analogue, demandant 18 Régions.

En *1894*, les Chambres réclamaient encore une réforme administrative, et M. Ch. Dupuy s'engageait à créer, pour l'étudier, une Commission extraordinaire.

En *1895*, M. Ribot, lui succédant, nommait cette Commission qui a fonctionné durant 4 années, sans aboutir à des améliorations réelles. Dans son rapport, M. Ribot indiquait le but à atteindre : « Simplifier et « rajeunir notre organisme administratif, supprimer les rouages inutiles, « donner plus de liberté à l'activité féconde des pouvoirs locaux, etc. »

L'idée ne cessa point de faire son chemin. De simples particuliers, des fonctionnaires de tous ordres s'appliquèrent à creuser le problème et à chercher des solutions. C'est ainsi que tout récemment j'ai eu communication d'un Tableau complet et d'une carte dressés en *1899* par M. Charles Garriguet, instituteur à Panissières (Loire), que l'étude de cette question aurait intéressé. Dans un projet très sérieux, il concluait à « une nouvelle division de la France en 30 Départements » ; les Départements actuels devenaient chacun un arrondissement, (sauf quelques-uns, résultant des remaniements territoriaux), et leurs chefs-lieux, des Sous-Préfectures. Une douzaine de Sous-Préfectures actuelles, les plus importantes, étaient, en outre, maintenues. Les Préfets étaient répartis en 3 classes (aux traitements de 36.000 fr. ; 30.000 fr. et 24.000 fr.) ; les Sous-Préfets également (avec 18.000 fr. ; 15.000 fr. et 12.000 fr.). Des mesures transitoires ingénieuses étaient proposées pour respecter les situations acquises ; et des modifications correspondantes résultaient de cette division nouvelle, dans les autres services publics.

En *1900*, se fondait définitivement une *Fédération régionaliste française*, dont le siège est à Paris, 14, rue Linné (Ve), dans le but de grouper librement tous les efforts destinés à combattre, sur toute la surface des pays, une centralisation exagérée, — de propager les idées régionalistes, — de poursuivre la division de la France en régions homogènes, etc. Cette Fédération publie un *Bulletin*.

Il existait auparavant déjà une *Ligue pour la Décentralisation* dont le Président est M. de Marcère, secrétaire, et les Vices-Présidents MM. de Lanjuinais et Beauquier, députés. Elle a provoqué il y a quelques années de nombreuses adhésions des Conseils généraux.

De même, l'*Action régionaliste* (dont le secrétaire général est M. J. Charles-Brun), a obtenu également des vœux favorables de ces Assemblées.

En *1901*, la Fédération régionaliste répandait à six mille exemplaires une brochure de M Charles Beauquier, formée du texte de sa proposition de loi tendant à diviser la France en 25 Régions. Plus de 300 journaux en parlèrent, en firent de longues citations ; une trentaine de revues de Paris et de la Province l'ont reproduite en entier ou en de longs extraits.

En *1902*, lors des élections législatives, beaucoup de candidats réclamèrent des mesures de décentralisation administrative. Et l'un des plus autorisés pour traiter ces questions, M. Lozé, ancien Préfet de Police, ancien Ambassadeur, aujourd'hui Député, demandait formellement dans son programme, la création de Grandes Régions.

En *1902* également, MM. Louis Martin et Chassaing, députés, présentaient une proposition relative à « l'organisation départementale et cantonale, et à la suppression de la tutelle administrative », reproduisant celle de M. Hovelacque, de 1890. La France serait divisée en 18 Régions. Les arrondissements seraient supprimés ainsi que les titres en fonctions de Préfets. Les Conseils généraux représenteraient les électeurs de tous les cantons du Département. Leurs membres seraient élus pour 10 ans, et siégeraient en permanence.

De son côté, M. Charles Beauquier reprenait et déposait à nouveau sa proposition de 1890, demandant la division en 22 Régions, selon le plan que nous avons exposé plus haut. La Commission d'Administration départementale et communale et de décentralisation administrative examina ce projet, (dont M. Beauquier fut rapporteur). Elle y fit diverses modifications, notamment en portant à 25 au lieu de 22 le nombre des Régions, et elle décida que « les changements considérables survenus en France « depuis un siècle, tant au point de vue des déplacements de populations « qu'au point de vue de l'extrême facilité des communications, ne per- « mettaient pas, dans une nouvelle organisation administrative, de se « borner à réunir un certain nombre de départements, mais qu'il fallait « faire table rase des divisions actuelles, et en constituer de nouvelles, « sur un plan nouveau ».

Un membre de ladite Commission, M. Morlot, député, se chargea de cette étude spéciale, qui aboutit à proposer 25 régions au lieu de 22 ; son travail ainsi qu'une carte des futures régions sont joints en annexe au rapport de M. Beauquier.

La même année, mais dans la nouvelle législature, cette proposition fut reprise par MM. Charles Beauquier, Morlot, Lhopiteau, Berthet, Massé, Lafferre et Loque, députés.

La question devant le Parlement en est là.

Notre proposition, 20 Régions

Amené nous-mêmes, dans une série d'articles sur les *Economies* et les *Réformes*, publiés au jour le jour dans le *Lyon-Républicain*, — à étudier la question des *Régions administratives*, et ses conséquences, nous avons abouti à un projet longuement mûri, d'après lequel le nombre des Régions substituées aux Départements serait de 20. Pour éviter toute suggestion extérieure, et laisser à notre projet son caractère propre et conforme au plan général que dès longtemps nous avons conçu, — nous nous sommes abstenu de lire tous ceux qui précèdent, avant d'avoir terminé l'exposé du nôtre.

Nous avons, en outre, étudié minutieusement, le budget en mains, la répercussion administrative et financière de cette substitution des Régions aux Départements, les modifications et simplifications diverses qu'elle pourrait favoriser.

C'est ce projet et ses conséquences que nous allons faire connaître ici.

CRÉATION DE 20 GRANDES RÉGIONS. — Pour établir les territoires des *Régions* destinées à remplacer les Départements, il faut examiner tour à tour les différentes divisions auxquelles la France a été ou reste soumise, à des poins de vue variés. Ce sont :

Les Régions naturelles, au nombre de 9, déterminées par les géographes, d'après la nature même du sol et la géologie. Elles sont trop peu nombreuses, elles donneraient des Régions trop grandes et grouperaient des pays trop étrangers les uns aux autres.

Les Anciennes Provinces Romaines. Il y en avait 17 pour la Gaule entière, à cette époque plus grande que la France actuelle ; et 14 seulement pour l'étendue correspondant à nos Départements d'aujourd'hui. La domination romaine avait si bien su trouver du premier coup un cadre logique, elle a tellement laissé partout des traces durables, que cette division peut encore fournir d'intéressantes indications pour une division administrative nouvelle.

Les Anciennes Provinces d'avant 1789. A partir du Moyen Age, et suivant les bouleversements successifs enregistrés par l'histoire, d'autres divisions, fréquemment modifiées, se constituèrent en France, selon des formes diverses. La dernière, qui subsistait encore à la veille de la Révolution, est celle des Provinces ou Gouvernements, qui comprenait 32 grands Gouvernements et 8 petits (ou plus exactement, au point de vue administratif, 35 Intendances). Cette division disparut lorsque l'Assemblée Constituante décréta, le 27 décembre 1789, de poursuivre l'unité française et de créer 83 Départements. C'est là une des bases les plus sérieuses pour la délimitation des futures Régions. Mais dans une certaine mesure seulement, car l'importance territoriale de ces Provinces était fort inégale. Ainsi la Guyenne comprenait près de 10 Départements actuels, tandis que le Béarn n'en a formé qu'un seul ; le Languedoc près de 7, et le Roussillon moins d'un ; la Bourgogne 3 et demi, le Lyonnais 2, le Bourbonnais, 1.

Les Régions de Corps d'Armée, établies en vue du recrutement, de la répartition des troupes et du commandement. Les considérations militaires et le souci technique d'assurer la défense des frontières de terre et de mer, ont inspiré uniquement cette division. Pour ce motif, elle aussi ne peut être qu'un élément d'appréciation pour la détermination des Régions Administratives.

Les Ressorts judiciaires des Cours d'Appel (26, y compris la Corse, mais sans l'Algérie).

Les Régions agricoles, au nombre de 12, utilisées pour les Concours régionaux.

Les Provinces Ecclésiastiques (16 sans l'Algérie), administrées chacune par un Archevêque.

Les Ressorts Académiques (16 sans l'Algérie), ayant chacun un Recteur à leur tête.

Toutes ces divisions doivent être examinées de près et pour ainsi dire simultanément. Si aucune ne peut fournir une base absolue pour la création de grandes Régions administratives, — chacune cependant apporte à ce travail complexe un élément spécial dont il importe de tenir compte.

De même, il faut avoir sous les yeux la carte complète des réseaux de chemins de fer et des tramways routiers, afin de constater la direction générale des lignes, leur convergence vers certains points, et les facilités de communications qu'elles assurent au public.

Enfin, sur la carte encore, il convient de considérer quelles sont les grandes villes que leur importance, leur situation géographique, et leur espacement suffisant, imposent en quelque sorte comme les centres, les chefs-lieux des futures *Régions*. Il y en a 20.

Les 20 Régions

En étudiant soigneusement et en pesant toutes ces considérations, l'on arrive à déterminer de la façon suivante, les territoires, les dénominations et les chefs-lieux que pourraient avoir ces 20 *Régions* remplaçant nos 87 Départements :

Le Nord (serait formé des départements du Nord, du Pas-de-Calais, de la Somme et de l'Aisne), le chef-lieu serait *Lille*. — **Normandie** (Seine-Inférieure, Eure, Calvados, Manche, Orne), *Rouen*. — **Ile-de-France** (Oise, Seine, Seine-et-Oise), *Paris*. — **Champagne** (Ardennes, Seine-et-Marne, Marne, Aube), *Châlons-sur-Marne*. — **Lorraine** (Meurthe-et-Moselle, Meuse, Vosges), *Nancy*. — **Bretagne** (Finistère, Côtes-du-Nord, Ille-et-Vilaine, Morbihan, Loire-Inférieure), *Rennes*. — **Sarthe-et Loire** (Mayenne, Sarthe, Maine-et-Loire, Indre-et-Loire), *Le Mans*. — **Orléanais** (Loiret, Eure-et-Loir, Loir-et-Cher), *Orléans*. — **Bourgogne** (Yonne, Haute-Marne, Côte-d'Or), *Dijon*. — **Franche-Comté** (Haute-Saône, Doubs, Jura, Belfort), *Besançon*. — **Poitou-Charentes** (Vendée, Deux-Sèvres, Vienne, Charente, Charente-Inférieure), *Poitiers*. — **Centre** (Indre, Cher, Nièvre, Allier), *Bourges*. — **Limousin-Dordogne** (Creuse, Haute-Vienne, Corrèze, Dordogne), *Limoges*. — **Auvergne-Lozère** (Puy-de-Dôme, Cantal, Haute-Loire, Lozère), *Clermont-Ferrand*. — **Lyonnais** (Saône et Loire, Ain, Loire, Rhône, Ardèche), *Lyon*. — **Dauphiné-Savoie** (Haute-Savoie, Savoie, Isère, Drôme, Hautes-Alpes), *Grenoble*. — **Gironde-Béarn** (Gironde, Lot-et Garonne, Landes, Basses-Pyrénées), *Bordeaux*. — **Pyrénées Garonne** (Lot, Tarn-et-Garonne, Gers, Hautes-Pyrénées, Haute-Garonne, Tarn, Ariège), *Toulouse*. — **Languedoc-Pyrénées** (Aveyron, Gard, Hérault, Aude, Pyrénées-Orientales), *Montpellier*. — **Provence** (Vaucluse, Basses-Alpes, Bouches-du-Rhône, Var, Alpes-Maritimes), *Marseille*.

Tels seraient les territoires des *20 Régions*.

Chaque *Région* serait administrée par un *Préfet*, siégeant au chef-lieu de Région, et assisté d'une *Délégation Régionale*.

La Région serait subdivisée en plusieurs *Départements* (ceux actuels), administrés chacun par un *Sous-Préfet*, siégeant au chef-lieu (Préfectures actuelles), et assisté d'un *Conseil général* (ceux actuels).

Il y aurait à examiner si les « Arrondissements » ne doivent pas être conservés, au moins à titre d'unités nominales, comme le sont actuellement les Cantons, en vue de l'application de certaines lois électorales, administratives et financières. De même pour les « Cantons ». Cela aurait l'avantage d'éviter des complications juridiques, et le remaniement inutile de certains textes de lois.

Ainsi, au point de vue de la représentation des Régions : les *Conseils généraux* seraient maintenus, avec leur base actuelle ; ils siégeraient comme aujourd'hui au chef-lieu du Département, les Sous-Préfets, (les Secrétaires généraux dans les chefs-lieux de Région), assistant à leurs délibérations. — Et auprès du Préfet, siégeant au chef-lieu de Région, serait un grand Conseil, appelé *Délégation régionale*, formé de délégués élus par les Conseils généraux de la région, et pris dans leur sein, selon un nombre à déterminer (de 10 à 20 par chaque Conseil, plutôt moins). L'écueil à éviter ici consiste en ce que l'Assemblée régionale siégeant près des Préfets, soit trop nombreuse, et constitue une sorte de petit Parlement. Il y aurait enfin à déterminer par une loi, les attributions respectives de ces deux sortes d'assemblées : la *Délégation régionale*, et le *Conseil général*, — ce serait une œuvre complexe et délicate, de laquelle résulterait en grande partie le succès de cette réforme organique. Vraisemblablement on supprimerait les « Conseils d'arrondissements » déjà peu utiles aujourd'hui ; à moins qu'on les maintienne au triple point de vue de leur rôle dans le répartement de l'impôt, de la qualité d'électeurs sénatoriaux de leurs membres, et des vœux à émettre au nom des populations. Ce point est à examiner.

CONSÉQUENCES ADMINISTRATIVES DES RÉGIONS. — La substitution de 20 Régions aux 87 Departements aurait pour conséquence heureuse d'alléger les états-majors administratifs, de simplifier les rouages de tous nos services publics, et de diminuer notablement les dépenses de chacun d'eux, — tout en permettant de bonifier la situation des plus humbles parmi les serviteurs de l'Etat.

Du haut en bas de la hiérarchie, on travaillerait plus et mieux, — au grand profit du public et des contribuables.

Au lieu d'y avoir comme aujourd'hui, 87 Préfets, 87 Trésoriers-payeurs généraux, 87 Directeurs de ceci et de cela, il n'y en aurait plus que 20, et cela entraînerait des modifications dans toutes les administrations.

Nous allons les examiner successivement pour chacune.

Administration préfectorale

Au point de vue de l'Administration proprement dite, voici la tranformation qui s'opérerait et les économies qui en résulteraient :

Préfets. — Au lieu de 88 Préfets (avec le Préfet de Police), il n'y en aurait plus que 21. Comme actuellement, les Préfets seraient répartis en 3 classes, mais bien que leur situation, leur travail et leur responsabilité se trouvent augmentés, leur traitement ne le serait que dans les 2 classes inférieures, et dans une limite mesurée, pour que nul n'y puisse voir de « gros traitements » exagérés. Il faut du reste, que les 20 représentants directs du Gouvernement, du pouvoir central, aient une situation suffisamment rémunérée et puissent tenir leur rang. Cela est de l'intérêt de la France, de la République, et de la Région.

C'est dans cet esprit pondéré, en tenant compte de ces considérations diverses, que nous avons fixé les traitements des Préfets régionaux, et aussi de tous les autres fonctionnaires cités dans cette étude. — La classe, demeurerait pour les Préfets, attachée à la résidence ; et il y aurait possibilité d'une indemnité supplémentaire de 2.000 fr. après 10 ans de services dans la même classe, et d'une autre égale après 5 autres années toujours dans la même classe. — En outre des 2 Préfets hors classe celui de la Seine, qui touche 50.000 fr., et celui de Police, 40.000 fr.), dont les traitements seraient fixés à 40.000 fr. chaque, il y aurait : 9 Préfets de première classe à 35.000 fr., — au lieu de 11 à 35.000 ; 4 de deuxième classe à 28.000 fr., — au lieu de 31 à 24.000 fr. ; et 6 de troisième classe à 25.000 fr., — au lieu de 43 à 18.000 fr. et de l'Administrateur de Belfort à 12.000 fr.

La dépense pour les Préfets, passerait ainsi de 2.005.000 fr. chiffre actuel, à 657.000 fr. — *Economie : 1.348.000 fr.*

— *Secrétaires généraux.* — Au lieu de 88 secrétaires généraux (y compris celui de la Préfecture de Police), il n'y en aurait plus que 21, répartis comme actuellement en 3 classes. Leurs appointements seraient relevés, mais moins que ceux des Sous-Préfets, parce qu'ils n'ont pas comme ceux-ci à représenter, et que souvent ils reçoivent le logement ou une indemnité y correspondant. Classe attachée à la résidence. Possibilité d'indemnités supplémentaires. — En outre des 2 secrétaires généraux hors classe (Seine, 18.000 fr., Police, 15.000 fr.) dont les traitements seraient maintenus, il y aurait : 9 secrétaires généraux de 1re classe à 12.000 fr., au lieu de 11 à 7.000 fr. ; 4 de 2e classe à 10.000 fr., au lieu de 31 à 6.000 fr. ; et 6 de 3e classe à 8.000 fr., au lieu de 44 à 4.500 francs.

La dépense pour les secrétaires généraux tomberait à 229.000 fr., au lieu de 494.000 fr. — *Economie : 265.000 francs.*

— *Sous-Préfets.* — Au lieu de 273 Sous-Préfets, il n'y en aurait plus que 67, c'est-à-dire un à chaque chef-lieu des 87 départements actuels, sauf les 20 devenus chefs-lieux de Région. Les Sous-Préfets seraient comme à présent répartis en 3 classes, et leur situation étant augmentée, leur traitement le serait aussi. Classe attachée à la résidence, possibilité d'indemnités d'ancienneté. Il y aurait : 8 Sous-Préfets de 1re classe à 15.000 fr. au lieu de 49 à 7.000 fr., 14 de 2e classe à 12.000 fr. au lieu de 56 à 6.000 fr., et 45 de 3e classe à 10.000 fr. au lieu de 168 à 4.500 fr.

La dépense pour les Sous-Préfets serait de 738.000 fr. au lieu de 1.435.000 fr. — *Economie : 697.000 francs.*

— *Conseillers de Préfecture.* — Au lieu de 271 Conseillers de Préfecture (y compris ceux de la Seine) il y en aurait 98. Avec l'organisation régionale, les Conseillers seraient non seulement des juges administratifs, mais on élargirait leur mission de telle sorte que les Préfets, ayant à administrer désormais des territoires plus étendus, puissent les employer comme des « missi dominici », dans la Région. — Rien ne serait changé pour le Conseil de Préfecture de la Seine, devenu celui de l'Ile-de-France. Quant aux autres, ils se composeraient de 5 membres dans les Régions de 1re classe et de 4 dans toutes les autres. Les Conseillers seraient répartis en 3 classes, les traitements légèrement relevés, et la classe attachée à la résidence, avec indemnités d'ancienneté. — Il y aurait donc, hors classe, le Conseil de Préfecture de l'Ile-de-France, avec 1 Président à 20.000 fr., 8 conseillers à 10.000 fr., et 4 Commissaires du Gouvernement de 6 à 10.000 fr. (actuellement 29.000 fr. pour les 4). Puis 45 Conseillers de 1re classe à 5.000 fr. au lieu de 33 à 4.000 fr. ; 16 de 2e classe à 4.000 fr. au lieu de 96 à 3.000 fr. ; et 24 de 3e classe à 3.000 fr. au lieu de 129 à 2.000 francs.

La dépense pour les Conseils de Préfecture serait de 480.000 fr. au lieu de 807.000 fr. — *Economie : 327.000 francs.*

— *Autres économies.* — Le Crédit inscrit au Budget pour les [illegible] *personnelles* s'élève à 280.000 fr. Il disparaîtrait totalement. — *Economie : 280.000 francs.*

Le crédit pour le *Personnel des Bureaux des Préfectures* (ch. 20), est de 3.808.600 fr. pour 87 Départements, soit en moyenne 43 779 fr. pour chacun. Il n'y aurait plus que 20 Régions à 60.000 fr. l'une en moyenne (à répartir selon l'importance des Régions), soit seulement 1.200.000 fr. — *Economie : 2.608.600 francs.*

Le crédit pour *le Personnel des Bureaux des Sous-Préfectures* (ch. 21) est de 1.073.000 fr. pour les 273 Sous-Préfectures, soit 3 930 fr. l'une, en moyenne. Il y en aurait 67 seulement, à 6 000 l'une en moyenne (à répartir), soit seulement 402 000 fr. — *Economie : 671 000 francs.*

Le crédit pour *frais matériels d'administration des Préfectures* (ch. 22) est de 770 900 fr., soit 8.860 fr. l'une en moyenne. Avec les 20 Régions, à 8.800 fr. l'une (à répartir), les dépenses seront seulement de 176.000 fr. — *Economie : 594.000 francs.*

Le crédit pour *frais matériels d'administration des Sous-Préfectures* (Ch. 23), est de 582.900 fr., soit 2,135 fr. en moyenne l'une. Avec les 67 Sous-Préfectures, à 2.000 fr. l'une (à répartir), la dépense serait de 134.000 fr. — *Economie : 448 900 francs.*

Les économies faites sur 5 chapitres seraient ainsi de 4,323,400 fr. (1.912.000 fr. au lieu de 6.235.400 fr.) soit 69 0/0.

— Total des Economies. — L'Administration régionale coûterait seulement 4.016.000 fr. par an, au lieu de 11.256.400 fr. que coûte actuellement l'administration départementale (budget de 1903), malgré les relèvements de traitements prévus. — *L'Economie totale serait donc (en chiffres ronds) de 7.240.400 francs.*

Justice — La Réforme judiciaire résultant de la création des Régions pourrait s'opérer de trois façons différentes que nous indiquerons l'une après l'autre.

I. — Examinons d'abord la première :

— *Cours d'Appel* (Magistrats, Greffiers et Commis Greffiers). — Il y a actuellement 26 Cours d'Appel (y compris la Corse, et sans celle d'Alger). On identifierait les Ressorts aux territoires des Régions (sauf la Corse), ce qui, avec la Corse en plus, ferait 21 Cours d'Appel. On supprimerait les Cours d'Agen, Amiens, Caen, Chambéry, Montpellier et Pau, comme faisant double emploi avec une autre Cour conservée dans la même Région. Et l'on en créerait une à Troyes, pour la Champagne qui, avec notre division régionale nouvelle, se trouverait n'en pas avoir.

Dans cette répartition, nous avons conservé, toutes les fois que cela a paru possible, le siège des Cours ailleurs qu'aux Chefs-lieux des Régions, pour décentraliser et donner des compensations aux diverses villes. Enfin les Cours supprimées sont les moins bien placées des 2 situées dans une même Région.

Les 26 Cours d'Appel, coûtent par an, 6.069.983 fr. Elles coûteraient seulement 5.082.483 fr. — *Economie : 987.500 francs.*

— *Tribunaux de Première Instance* (Magistrats, Greffiers et Commis Greffiers). — Il y a actuellement 359 Tribunaux de première instance (non compris ceux d'Algérie). Il n'y en aurait plus que 87, soit 1 au chef-lieu de chaque Département actuel. Rien ne serait changé à Paris. Pour la province, les Tribunaux maintenus garderaient leur classe actuelle. Et, la réforme réalisée en 1883 ayant déjà bonifié les traitements, on ne les relèverait pas. On peut calculer qu'un Tribunal de 1re classe coûte entre 75.000 fr. (Amiens) et 152.000 fr. (Marseille) ; la moyenne peut être prise à 150.000 fr. ; un de 2e classe coûte 37.200 fr. environ ; un de 3e classe, 28.000 francs.

Les 359 Tribunaux coûtent 11.724.700 fr. Les 87 que l'on conserverait coûteraient seulement 5.497.500 fr., soit une économie de 6.227.000 fr. Sur ce chiffre, il conviendrait de prélever 227.000 fr. pour les magistrats que le surcroît de travail obligerait sans doute à créer dans les 87 tribunaux restant. — *Economie : 6.000.000 francs.*

— *Justices de Paix* (Juges et Greffiers). — La réforme des Justices paix doit selon nous, se caractériser par : 1o un meilleur recrutement des juges de paix ; 2o l'élévation de leur traitement ; 3o l'extension de leur compétence ; 4o la suppression (en principe), de 1 justice de paix sur deux ; 5o l'effort de cette juridiction pour concilier le plus possible, éviter les procès au grand profit des justiciables et pour l'allègement de la tâche des tribunaux. — L'économie résultant de la suppression de moitié des postes, doit servir en partie à bonifier la situation de la moitié maintenue. Il y a 2.864 Justices de paix (et 2.872 greffes). On en supprimerait moitié, en principe, par réunion de deux justices de paix en une ; sauf exceptions. Le Crédit actuel étant de 8.360.700 fr., serait ramené à moitié, soit 4.180.350 fr. On y ajouterait 1 million pour relever les traitements ; ce qui ferait 5.180.350 francs (à répartir selon les justices de paix divisées en deux classes ; deux classes seulement, parce que les juges de paix doivent avoir la pensée de demeurer longtemps dans le même poste, et d'y bien établir leur crédit auprès des justiciables), — et Paris, hors classe, conservé tel que.

Les 2.864 Justices de paix (et greffes) coûtent 8.360.700 fr. Les 1.432 restant coûteraient 5.180.350 fr. — *Economie : 3.180.350 francs.*

— Total des Économies. — L'ensemble des services judiciaires coûterait 15.987.533 fr. par an, au lieu de 26.155.183 fr. actuellement, malgré les relèvements de traitements. — *L'Economie totale serait donc de 10.167.650 francs.*

II. — Le second système est préconisé par des magistrats distingués, ayant l'expérience professionnelle pour eux. Ils affirment que la suppression quasi-totale des tribunaux d'arrondissement serait une réforme à rebours, en ce sens qu'elle imposerait aux justiciables des dépenses nombreuses et lourdes, infiniment supérieures à ce que coûte l'entretien de ces tribunaux. L'économie serait, disent-ils, apparente, illusoire, et l'on ne tarderait guère à s'en apercevoir.

Ils conseillent donc d'opérer la réforme judiciaire autrement :

1o Par la suppression d'une cinquantaine de tribunaux seulement, d'après les indications de la Chancellerie ;

2o Par la réduction à 10 au lieu de 26 des Cours d'appel de France.

Ce système est basé sur cette constatation que, le plus souvent, les procès en première instance obligent à des déplacements, pour voir les avocats et les avoués, pour comparaître ou pour témoigner, — tandis que, pour les procès en appel, il en est autrement : les affaires étant déjà engagées, étudiées, l'échange de vues se fait par correspondance, ce qui rend indifférente la distance.

L'Economie résultant de ce second système se traduirait ainsi : Suppression de 16 Cours d'appel à 135.000 fr. l'une moyenne, = 2.160.000 fr. Suppression de 50 tribunaux peu occupés ou mal placés, à 28.000 fr. l'un, = 1.400.000 fr. Puis économie sur les justices de paix, comme ci-dessus, = 3.180.350 fr. Ce qui ferait au total une *Economie* de *6.740 350 fr.*

III. — Enfin, un troisième système, plus radical, consisterait à combiner les dispositions des deux autres : Suppression de 16 Cours sur 26. Maintien de 87 tribunaux sur 359. Suppression de moitié des justices de paix.

L'économie serait ainsi de 2.160.000 francs pour les Cours, — 6.000.000 pour les Tribunaux, — et 3.180.350 fr. pour les Justices de paix. — *Économie totale : 11.340.350 fr.*, — soit 43,35 %.

Trésorerie, Services financiers. — Nous passons aux divers services dépendant de l'administration des Finances. Ici, je le déclare hautement, il convient de procéder avec une prudence extrême, car, d'une part, nos services financiers, qui devraient être les plus antipathiques puisqu'ils ont pour but de percevoir l'impôt, sont justement ceux qui donnent le moins lieu à des réclamations du public ; et d'autre part, il faut se garder de tuer « la poule aux œufs d'or » ou même de... la gêner pour pondre. Ce serait un singulier résultat de réformes ayant en vue des économies. Et nous ne cherchons point ici des économies quand même, hasardeuses ou funestes, nous n'en voulons que de raisonnables et de justifiées.

Le système actuel est bon en pratique ; il a fait ses preuves ; il fonctionne admirablement et assure, dans des conditions en quelque sorte uniques, la rentrée des impôts cependant si lourds. Il ne peut pas être modifié profondément, parce qu'il repose surtout sur les rapports personnels et directs des agents du Trésor avec les contribuables.

Mais, cette réserve faite, et à condition de ne pas le troubler dans son principe essentiel, ce système peut être rajeuni, allégé, mieux approprié aux conditions de la vie, et par suite adapté à la division territoriale par régions. C'est dans ces limites un peu restreintes, mais assez larges encore, que nous proposons de réaliser un remaniement des administrations financières.

Trésoriers-Payeurs-généraux. — Les *traitements fixes* des Trésoriers et du Receveur central de la Seine sont inscrits au Budget du Ministère des Finances (chapitre 53), pour 1.202.000 francs. Ils sont ainsi répartis : 40 à 12.000 fr. = 480.000 fr. ; 20 à 14.000 fr. = 280.000 fr. ; 22 à 16.000 fr. = 352.000 fr. ; 5 à 18.000 fr. = 90.000 fr.

Les *frais de personnel et de matériel* des Trésoriers et de la Recette centrale figurent au Budget (chapitre 53) pour 3.982.000 fr. (personnel, 3.042.000 francs ; matériel, 940.000 fr.)

L'économie réalisable porterait d'abord sur les traitements fixes des Trésoriers, puisqu'il n'y en aurait plus que vingt ; mais vu l'extension de leurs circonscriptions et de leurs risques financiers, ces traitements devraient être augmentés dans une mesure d'ailleurs assez faible, car de cette extension des circonscriptions résulterait aussi celle de leurs opérations rémunératrices et de leurs indemnités. Sur ces vingt Trésoriers, il y en aurait : 6 de 1re classe à 25.000 ; 6 de 2e classe à 22.000, et 8 de 3e classe à 18.000. — La dépense tomberait de 1.202.000 à 426.000 fr. — *Économie, 776.000 fr.*

Chaque Trésorerie générale exigerait évidemment un personnel et un matériel plus considérables que ceux d'une Trésorerie départementale actuelle. Il ne s'ensuit pas cependant, qu'en groupant par exemple trois de ces dernières, elle devrait absorber les crédits actuellement consacrés à ces trois-ci. Il est certain au contraire que les frais généraux seraient diminués par cette fusion. On peut estimer que l'économie à réaliser de ce chef (personnel, matériel) *serait de 1.200.000 fr.*, les 2.782.000 fr. [illegible] restant devant être répartis après une étude détaillée et minutieuse. Chaque Trésorerie régionale aurait ainsi, en moyenne, 140.000 francs au lieu de 45.700 actuellement.

Mais, d'autre part, la direction du service serait rendue impossible par l'étendue même de la Région, et il faudrait créer des « Inspecteurs régionaux ». Car si le Trésorier était tenu comme maintenant d'inspecter à domicile tous les comptables sous ses ordres, il ne serait que très rarement au siège de sa Trésorerie, ou bien il ne pourrait surveiller ses services, ce qui, dans un cas comme dans l'autre mettrait en péril la rentrée de l'impôt. On devrait donc créer 25 Inspecteurs à 8.000 fr. l'un en moyenne, soit 200.000 fr. qu'il faut diminuer du total des économies ci-dessus réalisées, qui passerait ainsi de 1.976.000 à *1.776.000 fr.*

Les Trésoriers, on le sait, touchent, en outre, des indemnités qui augmentent leurs traitements ; ce sont celles servies par la Caisse des dépôts, le Crédit foncier de la Ville de Paris ; elle ne coûtent rien à l'Etat et sont en dehors du Budget.

Notons, en passant, que la réforme des Régions entraînerait vraisemblablement, (mais pas nécessairement) la suppression du budget départemental et son remplacement par un budget régional correspondant à la division nouvelle, ayant plus d'élasticité, groupant mieux les ressources et se prêtant plus facilement à leur emploi fécond. Tout ce qui touche à la gestion et à l'administration financière du Département devrait donc être remanié.

— *Receveurs des finances.* — Il y a actuellement 273 receveurs particuliers des finances ayant chacun un *traitement fixe* de 2.400 fr., soit 655.200 fr. (chap. 54). Il n'y en aurait plus que 67 (un à chaque chef-lieu de département actuel, sauf les 20 devenus chefs-lieux de Région). On relèverait leur traitement à 3.600 fr. ce qui ferait par an 238.000 fr., au lieu de 655.200. — *Economie : 417,000 fr.*

Les *Commissions et indemnités aux Receveurs des finances* comprenant les frais de personnel et de matériel à leur charge (chap. 55), s'élèvent à 2.455.100 fr. répartis en 4 articles : 1° Commissions aux receveurs particuliers sur les recettes, sur lesquelles sont pris les frais de personnel et de matériel : 2.111.500. On opérerait sur ce crédit une réduction équivalente à celle faite pour le même objet sur les Trésoriers, — de façon à ce que chaque Receveur touche en moyenne 3 fois autant qu'un seul actuellement (soit 23.000 au lieu de 7.734 fr.). La dépense serait de 1.541.000 au lieu de 2.111.500. — *Economie : 570.000 fr.* ; 2° Indemnités aux Receveurs pour la surveillance des Caisses d'épargne (crédit à supprimer). — *Economie : 145.000 fr.*; 3° Indemnités aux Receveurs chargés d'un service exceptionnel (supprimé). — *Economie : 17.000 fr.*; 4° Commissions variables sur les achats de rentes (maintenu).

L'Economie totale sur les Receveurs serait donc *de 1.149.000 fr.*

— *Percepteurs.* — Il y a actuellement 6.000 percepteurs environ, répartis en 4 classes : pour ceux hors classe, le traitement est de 13,000 et au-dessus : 1re classe, 8.101 à 13.000 ; 2e, de 5.001 à 8.000 ; 3e, de 3.001 à 5.001 ; 4e, inférieurs à 3.000. Les traitements sont payés partie par l'Etat, partie par les Communes. L'Etat fait de ce chef (chap. 74), une dépense de 11.150.000 fr.

C'est ici, surtout, qu'il faut réorganiser avec prudence. On ne peut perdre de vue que si, dans certaines perceptions transformées, on a réalisé des économies, il est arrivé souvent que l'on a subi, pour la rentrée des impôts, des pertes s'élevant à un chiffre plus élevé. Le percepteur, en contact direct avec les contribuables, constitue certainement le rouage le plus délicat de notre organisation financière. Or, non seulement ce service s'accroît tous les jours, mais encore ces comptables sont tenus de par la loi à des tournées mensuelles dans les communes ; et il y a certaines perceptions qui en comprennent jusqu'à 17. Il y en a d'autres, par contre, dont le territoire est visiblement trop restreint. La multiplication des voies de communication, la facilité d'user des chemins de fer, des tramways, de la bicyclette, permettent un large remaniement de ces circonscriptions. C'est une question d'espèce, de milieu ; et la situation de chaque département, de chaque perception, doit être examinée de près, pour établir la base de ce remaniement. Il n'est pas excessif, cependant, de réclamer sur ce crédit de 11.150.000 francs, une *économie de 2.150.000 francs.*

— *Contributions directes.* — Il y a actuellement 86 *Directeurs* (aux appointements de 7.000 à 10.000 fr.), coûtant 682.000 fr. Il y en aurait 20 (6 aux appointements de 15.000 fr. ; 6 à 12.000 fr., et 8 à 10.000 fr.) coûtant 242.000 fr. — *Economie : 440.000 fr.*

Il y a 103 *Inspecteurs* (aux appointements de 5 à 6.000 fr.) coûtant 552.000 fr. Il y en aurait 60 (20 à 7.000 fr. et 40 à 6.000 fr.), coûtant 380.000 fr. — *Economie : 172.000 francs.*

Il y a 1,068 *Commis de Direction et Contrôleurs* (de 15,000 à 5 200 fr.), coûtant 2 898.500 fr. Il y aurait d'abord 66 premiers Commis de Direction en moins, et un certain nombre de Contrôleurs, de façon à *diminuer le crédit de 600.000 francs.*

Les *frais de tournée* des inspecteurs (par abonnement), coûtent 126.850 fr.; ils seraient *diminués de 26.850 francs.*

Les frais de bureaux et de tournées des contrôleurs (par abonnement) coûtent 848.820 fr.; ils seraient *diminués de 150.000 fr.* (diminution non proportionnelle à celle réalisée sur le nombre des contrôleurs, parce que leurs tournées seraient plus longues).

Les frais de bureaux des 86 Directeurs coûtent 462.000 fr. (soit 5.372 f. en moyenne, pour chaque). Le crédit serait abaissé à 240.000 fr. pour les 20 Directeurs (soit 12.000 fr. en moyenne pour chaque). — *Economie : 222.000 fr.*

L'Economie totale pour les Contributions directes, serait de *1 million 610.850 francs.*

— *Enregistrement.* — Il y a actuellement 87 *Directeurs* (aux appointements de 8 à 12.000 fr.) coûtant 870.000 fr. Il y en aurait 20 (6 aux appointements de 15.000 fr. ; 6 à 12.000 fr. ; 8 à 10.000 fr.), coûtant 242 000 fr. — *Economie: 628.000 fr.*

Il y a 93 *Inspecteurs* (aux appointements de 5.000 à 6.000 fr.), coûtant 512.000 fr. Il y en aurait 60 (20 à 7.000 et 40 à 6,000) coûtant 380.000 fr. — *Economie : 132.000 fr.*

Il y a 444 *Sous-inspecteurs* (aux appointements de 3 500 à 4.500 fr.), coûtant 1.766 500 fr. Il y en aurait 173 (2 par département actuel, et 1 pour le territoire de Belfort) à 5 et 6.000 (100 à 5.000 fr. et 73 à 6.000), coûtant 938.000 fr. *Economie : 828 500 francs.*

Il y a 140 *Receveurs-rédacteurs* et *receveurs-contrôleurs* (aux appointements de 2.000 à 5.000 fr.), coûtant 367.200 fr. Le crédit serait *diminué de 67.200 francs.*

Il y a 2.822 *Receveurs* et *receveurs conservateurs*, qui coûtent 11 millions 769 540 francs. Le crédit serait diminué de 1.500.000 fr. par des remaniements de circonscriptions. — *Economie : 1.500.000 francs.*

Les *frais de bureaux* des 87 directeurs (par abonnement) coûtent 341 700 fr. (soit 3.916 fr. en moyenne pour chacun). Le crédit serait abaissé à 240.000 fr. pour les vingt directeurs (soit 12.000 fr. pour chaque, en moyenne). — *Economie : 101.700 francs.*

Les *frais de tournées* des inspecteurs et sous-inspecteurs seraient ramenés de 439.600 fr. à 339.600 fr. — *Economie : 100.000 francs.*

L'économie totale pour l'Enregistrement serait de *3.357.400 francs.*

— *Contributions indirectes.* — Il y a 85 *Directeurs* (aux appointements de 8 à 12.000 fr.) coûtant 794.000 fr. Il y en aurait 20 (6 aux appointements de 15.000 fr. ; 6 à 12.000 et 8 à 10.000) coûtant 242.000 fr. — *Economie : 552.000 francs.*

Il y a 102 *Sous-directeurs* (aux appointements de 4.000 à 6.000 fr.) coûtant 560 000 fr. Des suppressions et un remaniement cadrant avec la nouvelle organisation, ramèneraient le crédit à 300.000 fr. — *Economie : 260.000 francs.*

Il y a 178 *Inspecteurs* (aux appointements de 4.000 à 6 000 fr.) coûtant 746 000 fr. Leur nombre serait ramené à 150 et le crédit diminué de (28 fois 4.191) *117 348 francs.*

Il y a 258 *Contrôleurs* (de 3.000 à 3.500 fr.) coûtant 810.500 fr. Leur nombre serait diminué de 18, et le crédit de (18 fois 3.141), *56.538 francs.*

Il y a 697 *Commis de direction* et de sous-direction (de 1.500 à 5.000 fr.) coûtant 1.552.200 fr. Par des suppressions, remaniements et relèvements de traitements, cadrant avec l'organisation régionale, le crédit serait *diminué de 352.200 francs.*

Il y a 1896 *Receveurs ambulants* (de 2.700 à 3.350 fr.) coûtant 5.489.100 francs. Par des suppressions, remaniements et relèvements de traitements, le crédit serait *diminué de 289.100 francs*

Il y a 2 495 *Commis principaux* (de 2.100 à 3.050 fr.) coûtant 5.810.420 francs. Par des suppressions, remaniements et relèvements de traitements, le crédit serait *diminué de 810 420 francs.*

Il y a 1.866 *Commis* (de 1.500 à 1.850 fr.) coûtant 3.328 000 francs. Par des suppressions, remaniements et relèvements de traitements, le crédit serait *diminué de 300.000 francs.*

Il y a 351 *Préposés* (de 1.100 à 1.450 fr.) coûtant 533.400 fr. Par les mêmes moyens, le crédit serait *diminué de 33.400 francs.*

On ne toucherait ni au service de la garantie, ni à celui des sucres et distilleries. Mais il y aurait sans aucun doute à glaner dans le chapitre 88, concernant les *receveurs, les gratifications, les indemnités variées et frais de surveillance*, qui se monte à 33.126 850 fr. Avec une modération excessive, nous prévoyons là une *économie de 500 000 francs.*

Le chapitre 90, *frais de loyers et indemnités*, se monte à 5.746.800 fr. Il pourrait aisément subir une *diminution de 346.800 fr.*

L'économie totale sur les Contributions Indirectes serait de *3.617.806 francs.*

Total des Economies. — Les économies sur les divers services financiers, résultant de la substitution des Régions aux Départements, seraient en résumé :

Sur les Trésoriers	Fr.	1.776.000
Sur les Receveurs		1.149 000
Sur les Percepteurs		2.150.000
Sur les Contributions directes		1.610.850
Sur l'Enregistrement		3.357.400
Sur les Contributions indirectes		3.617.806
Au total	Fr.	13.661.056

3

Instruction publique

Si l'on ne peut pas toucher beaucoup aux dépenses de l'Instruction publique, essentielles dans une Démocratie, — il en est cependant certaines qui pourraient être autrement réglées et par suite atténuées, grâce à l'organisation régionale.

— *Recteurs.* — On sait qu'il y a actuellement *16 Ressorts universitaires*, dirigés chacun par un *Recteur*. Nous serions d'avis de ne pas toucher à ces circonscriptions, bien que leur nombre soit inférieur à celui des Régions, — car cela obligerait à des créations coûteuses, contraires à l'esprit comme au but de la réforme que nous étudions. On remanierait seulement les 16 circonscriptions universitaires, de façon à ce que leur chevauchée sur les 20 circonscriptions régionales soit aussi rationnelle que possible.

Donc, pas d'économie à faire sur le vice-Recteur de Paris (à 21.000 fr.) et les 15 Recteurs de province (à 13.000, 15.000 et 18.000 fr.), qui, ces derniers ensemble, coûtent 253.000 fr.

— *Inspecteurs d'Académie.* — Il y en a 8 pour la Seine, (à 9.000 fr. l'un), soit 72.000 fr. et 1 pour Versailles, (à 8.000 fr.) ; puis, 86 pour la France, (à 6.500 ; 7.000 ; 7.500 et 8.000 francs), ces 86 coûtant 610.500 fr.

Avec l'organisation régionale : Paris en aurait 6 au lieu de 8 ; celui de Versailles disparaîtrait. — *Première économie de 26.000 fr.* — Dans les Départements, il y en aurait 2, et exceptionnellement 3, auprès de chacune des 20 Préfectures régionales. Ils se rattacheraient à tel ou tel Rectorat déterminé. Au total, on en compterait (non compris les 6 de Paris) 45, répartis en 3 classes (à 7.000 ; 7.500 ; 8.500). Le traitement moyen passerait de 7.250 fr. à 7.750 fr. ; et la dépense, de 610.500 à 348.750. — *L'économie serait de 261.750 fr.*

Une autre économie, secondaire d'ailleurs, serait faite sur l'indemnité au Vice-Recteur de la Corse (qui disparaîtrait), et sur les indemnités d'agrégation aux Inspecteurs d'Académie. Au lieu de 47.500 fr., la dépense serait probablement de 37.000 fr. — *Economie 10.500 fr.*

Sur les traitements des 40 *Commis d'Académie* des Départements (ceux de Paris restant au nombre de 10), sur les 86 *Secrétaires d'Académie* et les 119 *Commis*, il y aurait, grâce à une répartition nouvelle à étudier, et à des suppressions, une économie possible, qui ramènerait cette dépense de 649.000 fr. actuellement, à 450.000 fr. environ (car rien que la suppression des 41 Secrétaires à 3 250 fr. en moyenne, donnerait déjà une diminution de 133.250 fr.). Il y aurait à réaliser là *une économie de 200.000 fr. environ.*

Enfin, le chapitre 9 du Budget « *matériel de l'Administration académique* », comprend entre autres les frais de bureaux des Recteurs et frais de tournées des Inspecteurs d'Académie. Ces derniers seraient moins nombreux de près de moitié, mais leurs tournées seraient plus longues. On ne doit donc diminuer le crédit actuel de 170.870, que de très peu. — *Economie de 10.000 fr.*

— *L'Inspection primaire* comporte présentement : 18 Inspecteurs pour le Département de la Seine (coûtant 135.000 fr.). et pour les Départements, 421 Inspecteurs et une Inspectrice (à 5.000 — 4.500 — 4.000 — 3.500 — et 3.000).

Avec la réforme régionale, on ne toucherait pas à Paris ; il y aurait auprès de chacun des 20 Préfets et des 67 Sous-préfets, c'est-à-dire à chaque chef-lieu actuel de Département, 2 Inspecteurs primaires au moins. Sans Paris et Belfort, cela en ferait 85 × 2, soit 170. On en ajouterait 100, répartis selon les besoins du service, les difficultés locales, les moyens de communications insuffisants, etc. Au total, on aurait 270 inspecteurs primaires, en trois classes : 120 à 3.600 fr. ; 100 à 4.200 fr. ; et 50 à 5.200 fr. La moyenne du traitement passerait ainsi de 4.000 à 4.400, et malgré ce relèvement important et justifié, la dépense serait de 1.112.000 francs au lieu de 1.654.500 fr. — *Economie : 542.500 francs.*

De même, *les frais de tournées et indemnités de déplacement des Inspecteurs*, qui se montent présentement à 520.650 francs pourraient être aisément réduits de 120.000 francs, étant donné que les Inspecteurs ne seraient plus que 270 au lieu de 421. et que leur traitement serait relevé. — *Economie : 120.000 francs.*

— ***Ecoles normales primaires d'Instituteurs et d'Institutrices.*** — On ne toucherait pas à la Seine, dont le personnel coûte 206.760 francs par an. Quant aux Départements, il y a 83 *Directeurs* (de 3.500 à 5.500 fr.) et 81 *Directrices* (de 3.000 à 5.000 francs).

Tout le monde est d'accord, je crois, qu'il y a trop d'Ecoles normales, et que la création des Régions fournirait une occasion excellente pour en ramener le nombre à celui de ces dernières, — en l'augmentant un peu toutefois pour les Régions les plus peuplées ou les plus étendues. Il y aurait donc : 30 Ecoles normales d'Instituteurs, et 30 d'Institutrices. Les frais généraux diminueraient d'autant. Les bâtiments devenus libres seraient facilement loués ou transformés, car il semble probable qu'après l'application de la loi de 1901 aux Congrégations enseignantes, les pensionnats libres laïques, que la loi Falloux et l'enseignement congréganiste ont totalement anéantis, il y a un demi-siècle, sont destinés à retrouver leur ancienne prospérité.

Pour l'enseignement des jeunes filles surtout, il n'y a pour ainsi dire plus de pensionnats laïques ; la mode aidant, les couvents avaient rapidement conquis une sorte de monopole, grâce aux privilèges exhorbitants que leur donnait la loi Falloux.

Donc, la dépense (personnel) étant pour les 164 Ecoles normales actuelles de 3.874.000 fr. (soit 23.621 l'une), — ne serait plus pour les 60, en comptant chacune à 35 000 fr, au lieu de 23.621 fr., que de 2.100.000 fr. — *Economie : 1 774.000 fr.*

Les dépenses dites du *Matériel* des Ecoles normales, comprennent les frais d'entretien des élèves-maîtres, et élèves-maîtresses se chiffrant à 3.445.000 fr. ; ces frais ne varieraient pas. Mais par contre, les dépenses générales de ces Ecoles, chauffage et éclairage, frais de bureaux, menues dépenses, etc., qui se montent à 1.000.000, diminueraient de moitié, puisqu'il n'y aurait plus que 60 Ecoles normales au lieu de 164. On pourrait réaliser là une *économie de 600.000 fr.*

— Total des Economies — En résumé, la réforme régionale permettrait de réaliser dans les services de l'Instruction publique, les économies suivantes :

Suppression de 3 inspecteurs d'académie = 26.000 fr. — Modification du cadre des inspecteurs d'académie = 261.750 fr. — Economie accessoire = 10.500 fr. — Sur les commis et secrétaire d'académie = 200 000 fr. — Frais de tournées = 10.000 fr. — Inspecteurs primaires = 542.500 fr. — Leurs frais de tournées = 120 000 fr. — Personnel des Ecoles normales = 1,774.000 fr. — Matériel de ces écoles = 600.000 fr. — *Soit au total, une économie de : 3.544.750 francs.*

Travaux publics

Les promoteurs des derniers projets de réorganisation administrative, ont fait cette remarque suggestive que « le service des ponts et chaussées est organisé aujourd'hui comme si toute la circulation se faisait encore sur les routes, comme s'il n'existait pas en France un seul chemin de fer. » Et une enquête faite en 1872 « établissait que les deux tiers des ingénieurs n'ont pas à faire un travail effectif de plus de deux heures par semaine ! » De son côté, un ingénieur des ponts et chaussées, M. Wichkerseimer, devenu député, déclarait à la tribune ceci : « Avant d'être nommé député, j'avais un service qui, avant moi, était entre les mains de trois ingénieurs. Quand je l'ai pris, j'ai vu que je pouvais y suffire seul, d'une manière satisfaisante, j'ai pu ensuite réduire le nombre des employés et les dispenser de venir dans leurs bureaux l'après midi. La simplification de la besogne est résultée de la diminution même du nombre des agents ! »

— Il y a actuellement par Département : 1 Ingénieur en chef, et un nombre variable d'Ingénieurs ordinaires (en moyenne 3), des Conducteurs et des Commis. Ils touchent un « traitement » et des « frais fixes ».

La fusion entre le service des Ponts et Chaussées et le service vicinal n'est guère opérée que dans moitié environ des Départements.

Avec l'organisation régionale, la fusion serait accomplie partout entre les deux services. Il y aurait un Ingénieur en chef en tête de chaque Région, et le personnel serait composé de la façon suivante :

20 Ingénieurs en chef, répartis en 3 classes, aux appointements de 14, 16 et 18.000 fr. (16.000 en moyenne) coûtant 320.000 fr. Au lieu de 86 actuellement (à 6.676 fr. en moyenne), coûtant 574 136 fr.) — *Economie : 254.136 francs.*

100 Ingénieurs ordinaires, répartis en 3 classes, à 5.500, 4 500 et 3,500 fr.(en moyenne, 4.500 fr.), coûtant 450.000 fr. Au lieu de 224 actuellement (à 3.500 fr. en moyenne), coûtant 827.000 fr. — *Economie : 377.000 francs.*

1.900 Conducteurs ainsi répartis :

10 hors classe à 5.000	Fr.	50 000
240 principaux (4.000 à 4.500)		1.020.000
500 de 1er classe (3.600 à 3.800)		1.850 000
500 de 2e — (2.800 à 3.200)		1.500.000
650 de 3e — à 2.500		1.625.000

Soit au total, avec tous les traitements relevés, 6.045 000. Au lieu de 2.320 conducteurs (aux traitements de 4.500 à 2.000), coûtant 7.061 500 fr, — *Economie* : 1.016.500 fr.

1.580 Commis (ponts et chaussées et mines), ainsi répartis, avec les traitements relevés :

90 principaux de 1re (à 3.600)	324.000
90 — de 2e (de 3.200 à 2.800)	270 000
360 commis de 1re (de 2.600 à 2.400)	900 000
420 — de 2e (de 2.200 à 1.800)	846 000
500 — de 3e (de 1.600 à 1.400)	750 000
40 stagiaires (à 1.200)	48 000

Soit au total, une dépense de 3.138.600 fr. Au lieu de 1.880 commis (aux traitements de 3.000 à 1.000 fr.), coûtant 3,244.000. — *Economie : 105.400 fr.* — Etant donnée la façon particulière dont est dressé le Budget des Travaux publics, et dont se trouvent fondus dans les chapitres, les crédits des services dirigés par les Ingénieurs en chef, et ceux des services spéciaux, — on ne peut, ici, se livrer aux calculs qu'exigerait la répartition stricte des économies accessoires, résultant de la réforme régionale, ni donner un total exact.

Mais de l'examen de chaque budget des départements ministériels auquel nous nous livrons plus loin, il ressort que sur l'ensemble du Budget des Travaux publics, on peut réaliser une *économie totale de 4 millions*, rien que sur les dépenses ordinaires.

Postes et Télégraphes

Postes et Télégraphes. — Il y a actuellement 85 *Directeurs* départementaux aux appointements de 6 à 10.000 francs (en moyenne 8.000), coûtant 680.000 fr. Il n'y en aurait plus que 20, de 7 à 11.000 fr. (en moyenne 9.000), coûtant 180.000 fr. L'économie serait de 500.000 fr. Mais, étant donnés la complexité du service, le besoin continuel de surveillance dans des zônes relativement restreintes, il serait nécessaire de créer 65 sous-directeurs qui dirigeraient le service aux chefs-lieux des départements actuels non devenus chefs-lieux de région. Leurs appointements seraient de 5 à 6.000 fr. (5.500 fr. en moyenne) ; soit une dépense de 357.500 fr., à défalquer de l'économie ci-dessus de 500.000 fr. L'économie finale serait donc de *142.500 fr.*

— Passons aux *Inspecteurs*. Il y a dans les Directions : 6 inspecteurs sédentaires de 4.000 à 6.000 fr., et 230 inspecteurs et sous-inspecteurs des postes et télégraphes, de 3 à 6.000 fr., — coûtant ensemble 1.026.750 fr. Et 17 inspecteurs et sous-inspecteurs des téléphones, de 3 à 6.000 fr., coûtant 67.500 fr. Au total : 253 fonctionnaires, coûtant 1.094.250 fr.

Avec l'organisation régionale et les remaniements en résultant, on pourrait supprimer 80 de ces 253 agents (à 4.500 fr. l'un en moyenne), soit une économie *de 360.000 fr.*

— Chaque Direction dispose, comme *Personnel*, en moyenne, en outre de 3 inspecteurs, de : 2 brigadiers, 2 chefs surveillants (télégraphes), 5 ou 6 rédacteurs et 2 expéditionnaires. Grâce au remaniement effectué sur la base des Régions, il serait possible d'économiser là, au moins *500.000 fr.*

— TOTAL DES ÉCONOMIES. — Pour les Postes et Télégraphes, le total des économies, résultant de l'organisation régionale, serait donc :

Direction.	Fr.	142 500
Inspection.		360.000
Personnel des Directions.		500 000
Au total	Fr.	1.002.000

LA RÉFORME EST-ELLE MURE ? — Les idées se sèment comme les plantes et exigent, comme celles-ci, un temps plus ou moins long pour germer et mûrir.

Une réforme, fût-elle excellente par elle-même, ne peut être profitable aux intérêts en jeu, que si elle vient à son heure, quand l'opinion est suffisamment préparée à la comprendre et à l'accueillir.

Celle qui consiste à diviser le territoire de la France en 20 grandes Régions administratives, est-elle mûre ? Certains le contestent ; mais le plus grand nombre semblent penser, au contraire, qu'elle permettrait de donner aux contribuables et aux électeurs les satisfactions qu'ils réclament, et qui se résument en deux mots précis : des **Economies** et des **Réformes organiques.**

Chacun ne trouve-t-il pas les impôts trop lourds, écrasants ?

Chacun ne reconnaît-il pas que nos administrations sont trop compliquées ?

Chacun ne sait il pas qu'il y a trop de fonctions et de fonctionnaires ?

Chacun ne réclame-t-il pas des simplifications, des suppressions, et des mesures décentralisatrices ?

Chacun n'a-t-il pas conscience que la situation du pays il y a 100 ans, n'a vraiment plus aucun rapport avec celle d'à présent, et que, par suite, la vieille organisation établie en l'an VIII ne peut forcément plus convenir en 1903 ?

Puisque tout le monde, dans tous les partis, dans tout le pays, est absolument d'accord sur ces différents points. — quelle raison légitime pourrait-on alléguer pour repousser une réforme d'ensemble permettant de remédier aux inconvénients et aux maux dont la France se plaint avec une telle unanimité ?

Cette réforme des grandes *Régions* est donc mûre, et comme le déclarait M. Charles Noyer, en 1886, « si l'on considère les hommes éminents « qui ont occupé les divers Ministères, on peut s'étonner, que parmi eux, « il ne s'en soit pas trouvé un pour faire adopter une simplification des « services qui semble toute naturelle ; *car la République doit se sentir « assez forte pour procéder aux réformes que réclame l'intérêt général, « dussent quelques intérêts privés, en souffrir momentanément.* » Je puis ajouter que le nombre considérable de lettres, de communications et d'encouragements que j'ai reçus à l'occasion de quelques parties de la présente étude qui ont paru en articles dans le *Lyon-Républicain*, — suffirait à démontrer l'intérêt que le public prend à cette question, de l'importance qu'il lui accorde, et du vif désir qu'il a de la voir résoudre.

C'est pourquoi je conclus une fois de plus : oui, cette réforme est mûre, et le moment ne sera jamais plus opportun pour la réaliser ! Elle constitue la solution logique et inévitable.

OBJECTIONS DIVERSES. — Il est impossible de réaliser une réforme quelconque dans *l'intérêt général*, sans heurter au passage quelques *intérêts privés*.

Pour aboutir, il ne faut donc se soucier que relativement de ces derniers, du moment qu'on reste dans les limites de l'équité, et qu'on est résolu à ne léser aucun droit acquis.

Les intérêts privés sont ceux qui se défendent le mieux et le plus volontiers ; l'intérêt général, bien qu'il concerne tout le monde et peut être pour cela, ne trouve que de rares défenseurs de bonne volonté. Et c'est ainsi que toutes les fois qu'au cours de ce travail j'ai été amené à consulter un fonctionnaire en place, sur un point relatif à son administration, ou à prendre son avis sur les conséquences qu'auraient la réforme régionale et la recherche sérieuse des économies, j'ai reçu la réponse suivante : « Certainement, il y a des réformes à faire, des économies à « réaliser ; il y en a beaucoup ; mais pas chez nous. Dans les services « voisins, dans les autres administrations, vous trouverez assez à sup- « primer, à rogner et à réformer ; mais pas chez nous ! » C'est toujours chez le voisin qu'on vous adresse. En réalité, c'est partout qu'il faut aller, chercher, et trouver !

Oui, *partout*, sans se laisser arrêter par les froissements des uns, les récriminations des autres, — en restant dominé par un esprit réformateur et démocratique en quelque sorte intraitable.

Si la réforme régionale soulève des objections, — ce qui existe et ce qu'elle a pour but de modifier en soulève bien davantage !

C'est dans cet état d'esprit, et après avoir tenu compte de ce que les critiques dont l'écho nous est parvenu avaient de fondé, que nous allons examiner certaines objections qui nous ont été faites, et que voici :

1° *Au point de vue politique* : la création des Régions troublerait la situation politique des départements, et celle des divers partis. Partout les positions sont prises; telle tactique a été adoptée dans les luttes électorales, non seulement pour le présent mais en vue d'assurer l'avenir. Les chefs de partis ont créé une organisation qu'ils ont bien en mains. En adoptant le système des Régions, tout serait remis en question, et nul ne pourrait dire ce qui sortirait de la prochaine consultation électorale faite après ce changement.

A cela, on peut répondre que l'existence des partis politiques ne dépend pas essentiellement de l'étendue plus ou moins grande des circonscriptions électorales. Les uns comme les autres, ceux de gauche comme ceux de droite, ont dans le pays même des racines plus profondes, des points d'appui plus sérieux.

Et l'organisation politique, la tactique qui sont considérées comme bonnes avec le Département ne seraient pas forcément modifiées par la création des Régions, — soit qu'on maintienne le scrutin d'arrondissement, ce qui est possible, — soit, au contraire, qu'on lui substitue le scrutin de liste par département. En aucun cas, en effet, le scrutin de liste pour la Région entière ne nous semble ni désirable ni même possible : l'opinion n'y serait évidemment point préparée, et l'on ferait un saut dans l'inconnu.

Que l'organisation administrative soit Régionale ou Départementale, cela ne touche en rien au rayon d'action, à l'influence personnelle, et, si l'on veut, aux fiefs électoraux des représentants actuels du pays au Parlement. Leur situation ne pourrait en aucun cas se trouver amoindrie; elle risquerait d'y gagner, puisqu'elle pourrait se consolider, s'affirmer et s'étendre dans le cadre plus vaste de la Région toute entière.

On n'aperçoit pas davantage que le choix d'une grande ville comme chef-lieu de Région, — Lyon par exemple, — puisse porter ombrage ou préjudice aux villes, anciens chefs-lieux de la même Région, — par exemple Bourg, Mâcon, St-Etienne et Privas. Les Départements resteraient en effet des unités administratives et politiques, — ayant eux aussi plus de liberté, plus d'autonomie pour régler les questions les concernant directement; ils garderaient forcément leur personnalité, leur vie propre.

2° *Au point de vue financier*, on redoute que l'organisation régionale, ébranle les services par lesquels se perçoit l'impôt. Or, l'on a pu voir par ce que nous en avons dit plus haut, que dans notre plan de réforme nous en touchons qu'avec une prudence plutôt excessive à la Trésorerie, aux Recettes particulières, Perceptions, Contributions directes et indirectes, à l'Enregistrement. Les modifications que nous préconisons sont trop modérées pour créer aucun trouble et mettre en péril la rentrée de l'impôt.

Des approbations autorisées nous ont, du reste, été données sur ce point spécial. Le système actuel repose surtout sur les rapports personnels et directs des agents du Trésor et des contribuables. A la condition de ne pas être modifié dans son essence, il peut parfaitement s'adapter à la division territoriale par Régions.

3° *Au point de vue des services judiciaires*, on m'a dit : « Vous ne vous « occupez pas des offices ministériels supprimés, et de ce chef, vos « calculs sont inexacts, vos économies illusoires. » Je réponds que la question soulevée par les suppressions d'emplois ou d'offices est traitée plus loin, au chapitre des « Voies et moyens. »

On m'a dit encore : « Vous faites une prévision trop faible pour la

« création des postes que le surcroît de travail nécessitera dans les « tribunaux maintenus. » Je réponds : dans nombre de cas, le travail des tribunaux actuels pourrait être doublé et triplé. La réforme régionale obligera seulement à renforcer les Parquets et l'Instruction. Mais la réforme des Justices de paix allégera considérablement la besogne des Tribunaux. Et l'augmentation de travail qu'auront ceux-ci les obligera à rendre une justice plus rapide, plus sobre de formalités ou de lenteurs évitables, plus moderne en un mot. C'est précisément dans ce but, et pour parvenir à cette modification professionnelle, que j'ai prévu intentionnellement un chiffre assez bas de créations. On réfléchira et l'on prendra de suite des habitudes nouvelles, un état d'esprit nouveau. Si l'expérience montre qu'il faut plus de magistrats que ceux maintenus, il sera facile d'en accroître le nombre peu à peu.

« Les frais de justice augmenteront fortement, si l'on n'a plus qu'un « tribunal par Département » m'a-t-on dit encore. Je ne le crois pas. Ce chapitre du Budget de la Justice est très élevé, très élastique ; c'est « l'en cas » bien connu à la Chancellerie. Il favorise le gaspillage en haut, en bas, tout le long de l'échelle judiciaire. Tel qu'il est, il assurera donc parfaitement le fonctionnement de la Justice, et obligera à plus d'ordre et d'économie. Combien de témoins cités pourraient ne pas l'être ? Combien de déplacements onéreux, de prolongements de séjour seraient évités avec plus de discernement et moins de sans gêne ? Combien de formalités supprimées ou allégées ? Ce ne sera pas, pour peu qu'on y veille, le moindre bienfait de cette réforme.

« La diminution du nombre des Cours d'Appel à 10 serait impossible. » Je réponds : ce n'est pas 10 que je propose, mais 20. Cependant j'observe que l'organisation par 10 Cours d'Appel est préconisée par des Magistrats distingués. Pour moi, je l'admettrais moins facilement, parce que je redouterais qu'avec des Ressorts trop vastes, l'action des Chefs de la Cour ne fût pas assez immédiate, assez sensible sur les Magistrats.

« On pourrait ramener le nombre des Cours à 19, c'est-à-dire à celui « des Corps d'armée, (ou à peu près, car sur le papier, il y en a un 20e). » Je réponds : on ne peut pas identifier les ressorts judiciaires aux circonscriptions de Corps d'armée, car ces dernières ont été faites à un point de vue uniquement militaire, ce qui a eu pour conséquence de leur donner des dispositions très spéciales ne s'adaptant à aucune autre branche administrative.

« L'éloignement des Tribunaux sera pénible pour les justiciables. » Je réponds : les départements ne sont pas tellement grands que la distance soit trop considérable pour aller au chef-lieu. Les moyens de communication sont tels aujourd'hui, qu'il est certainement plus aisé d'aller d'un point quelconque du département au chef-lieu, qu'il ne l'était il y a 100 ans et même 50, de se mouvoir dans l'arrondissement.

4° *Au point de vue administratif* on m'a dit : « dans certaines parties de « la France, la réforme régionale est à peu près inapplicable. Très facile « dans les pays peuplés, comme la Normandie, la Côte-d'Or, les pays « vignobles, elle est impossible dans certaines parties du Centre. Là, il « ne faudrait réunir que deux départements au plus, tellement les com- « munications sont pénibles. Dans l'Aveyron, par exemple, des chefs-lieux « de canton sont à 80 kilomètres de Rodez ». Je réponds : le nombre de 20 Régions n'est pas intangible et indiscutable ; c'est une base ; on peut s'en écarter. Quant aux contrées où les communications sont mal assurées, l'occasion sera excellente pour les développer : les populations ne s'en plaindront pas.

« Avec la réforme régionale comportant un Préfet unique au siège de « la Région, et des Sous-Préfets là où se trouvent maintenant les Préfets, « l'administration proprement dite deviendra très difficile. Le Préfet « régional ne saura rien de ce qui se passe, il n'aura plus d'action sur « les municipalités, son contrôle deviendra impossible. » Je réponds : le rôle d'un Préfet Régional, avec un régime décentralisé sera tout autre que celui d'un Préfet actuel. Représentant du pouvoir central surtout, la tutelle et l'action qu'il exercera sur les municipalités seront plus légères. Quant à son rôle politique, à la nécessité d'être tenu au courant des mouvements d'opinion et de ce qui se passe, ses Sous-Préfets, dont la tâche administrative sera allégée, y pourvoieront d'autant plus aisément qu'ils ne seront plus, comme à présent, l'objet de perpétuels déplacements. Le personnel étant réduit, chacun saura qu'il doit passer de nombreuses années dans le même poste, et les relations qu'il s'y créera seront plus solides et plus sérieuses.

« La suppression des Sous-Préfets n'a jamais pu être réalisée, parce « que le pays ne la veut pas ». Je réponds : cela était parfaitement exact il y a 15 ans et même 10 ans. Mais la fonction a perdu son prestige, son autorité, et l'on peut ajouter son utilité. Le Sous-Préfet n'est plus grand chose, à côté du député, qui forcément dans un régime basé sur le suffrage universel, a pris la première place parmi les personnages de l'arrondissement. On peut affirmer qu'aujourd'hui les petites villes ne tiennent plus à leurs Sous-Préfets. Et d'ailleurs le surcroît d'activité occasionné par la réforme régionale leur vaudrait de larges dédommagements.

« Beaucoup de villes se considéreraient comme lésées par la création « des Régions. » Je réponds : C'est la lutte entre l'intérêt général et les intérêts privés. Il serait facile de trouver et de répartir les compensations entre les villes : les unes auraient les Préfectures, les autres les Sous-Préfectures régionales ; on pourrait partager entre les autres les Lycées de garçons, les Lycées de filles, les écoles Normales, les Facultés, les Cours d'appel, les Cours d'assises, les Evêchés, les grandes Ecoles, etc. Chacune aurait son lot, son centre d'activité, sa compensation.

MESURES TRANSITOIRES ; VOIES ET MOYENS. — Ainsi que j'ai eu soin de le bien préciser dès le début, cette réforme et celles plus étendues encore que j'exposerai dans la troisième partie de cette brochure, devront se faire sans léser les droits acquis, en assurant de suffisantes compensations.

Evidemment ces réformes, qui entraîneront beaucoup de suppressions d'emploi ne peuvent pas se faire uniquement par voies d'extinctions, — car la durée des services étant de 30 ans, elles ne seraient alors accomplies totalement que dans un délai égal de 30 ans, c'est-à-dire en 1933.

Il faut donc procéder plus rapidement, et sinon tout d'un coup, du moins en très peu d'années ; deux suffiraient sans doute.

Cette liquidation doit être avant tout, *équitable.* Elle peut se faire par de nombreux moyens, dont voici les principaux :

— *Mise à la retraite de tous les fonctionnaires y ayant droit ;*

— *Mise à la retraite proportionnelle* de tous ceux qui le demanderont ;

— *Mise à la retraite anticipée, avec certains avantages* (indemnités, bureaux de tabacs, etc.), à ceux qui y consentiront ;

— *Offre d'une indemnité immédiate*, représentant une ou plusieurs années de traitement ;

— *Offre d'un bureau de tabac* (les vacances étant fréquentes);

— *Offre d'une recette buraliste* (idem);

— *Offre de permutations* du genre de celles ci : Un préfet actuel supprimé peut rester comme sous-préfet, en conservant tant qu'il sera en fonction, dans le même poste, les appointements qu'il y avait. — Un magistrat peut accepter en échange de sa fonction supprimée, une justice de paix, étant donné le relèvement de la compétence, du traitement et de la situation de cette fonction.

— Quant aux *Officiers ministériels*, les suppressions pourront être peu nombreuses, et se faire progressivement. Rien n'obligera à supprimer tous ceux existant près des Tribunaux disparaissant. Beaucoup se transporteront au siège du Tribunal maintenu. D'autres disparaîtront par voie de rachat par les confrères, ainsi que les choses se passent actuellement. S'il est nécessaire, l'Etat prendra une certaine part dans cette liquidation. Enfin, rien n'empêcherait de maintenir aux sièges des Tribunaux supprimés, certaines études d'avoués, donnant sur place des consultations, — et instrumentant d'autre part, au siège du Tribunal. Ou même l'on pourrait en transformer certaines, en charges d'avocats-avoués, dans le genre de celles existant en Suisse dans les cantons de Vaud et de Genève. Les justiciables trouveraient à ces combinaisons nouvelles, des facilités appréciables. Pour les *Greffes*, le remboursement serait fait partie par les greffiers restant, partie par l'Etat. Pour les *Huissiers*, les suppressions seraient en somme peu nombreuses, et se feraient dans les mêmes conditions.

Evidemment la mise en œuvre de ces réformes organiques, ici et ailleurs, nécessitera des *dépenses de liquidation*. Mais ces dépenses faites une fois pour toutes, ne doivent pas, logiquement, contrebalancer dans ces calculs, les économies qui, elles, se perpétueront et se renouvelleront chaque année dans nos budgets.

III

A TRAVERS LE BUDGET

(354 MILLIONS D'ÉCONOMIES)

L'OPÉRATION NÉCESSAIRE. — Je comparerais volontiers l'opération radicale qu'il est nécessaire d'accomplir dans le Budget, à celle qui consiste pour un particulier, à se faire arracher une dent. Chacun de nous y a passé. On hésite d'abord, on cherche des diversions, on recule le plus qu'on peut ; puis on a conscience qu'un jour viendra où il ne sera plus possible d'attendre ; on se dit : il le faut ! Et l'on va chez le dentiste... Quand on en sort, satisfait, soulagé, on pense a part soi : « c'était si peu de chose ; pourquoi diable n'y suis-je pas allé plus tôt ? »

Il faut de même que l'Etat conduise le Budget chez..... les réformateurs, et que par une opération décisive, ceux-ci pratiquent dans les 3 milliards, 571 millions, 800.000 francs de dépenses, — des économies sérieuses qui soulageront immédiatement le pays du poids écrasant qui l'oppresse.

Rien n'est plus simple. Il suffit de s'y résoudre.

En prenant les choses de haut et dans leur ensemble, au lieu de se cantonner dans la recherche de petites économies mesquines, paraissant plutôt faites pour donner le change ; — en examinant consciencieusement et l'un après l'autre les Budgets de nos onze Ministères, j'estime qu'on peut trouver environ 350 millions d'économies durables à réaliser, sans rien désorganiser, sans porter le trouble nulle part. De plus hardis iraient même certainement à 400 millions.

Pour le démontrer, nous allons étudier tout au long, chacun de ces onze Budgets, en nous arrêtant partout où il conviendra.

LES ADMINISTRATIONS CENTRALES. — Notre première station nous oblige à considérer d'un peu près les Administrations centrales des divers Ministères. Tout le monde sait que ce sont celles où les emplois inutiles se sont le plus multipliés, où l'on travaille le moins, où l'on a le plus de bon temps.

Les fonctionnaires de l'Administration centrale détiennent en quelque sorte des postes de luxe, où l'on accomplit, sans hâte ni enthousiasme, une besogne soigneusement réduite pour chacun à son minimum. Et l'employé de Ministère a, comme tout citoyen vivant à Paris, cette fatuité passablement ridicule de se croire supérieur à celui de province, — parce que parisien ; parisien de Sainte-Menehould, de Nérac, de Quimper, ou d'ailleurs, presque toujours, — et pour cela d'autant plus désireux d'affirmer cette prétendue supériorité, d'en tirer tous les avantages. Il se considère volontiers comme d'une caste à part, dont le privilège, miraculeusement échappé à la patriotique holocauste du 4 août 1789, s'est de jour en jour fortifié Ainsi l'Administration centrale est demeurée une véritable aristocratie, poursuivant dans une quiétude charmante, et sans surmenage, des travaux destinés à aplanir la route sur laquelle s'avance le Char de l'Etat.....

A la vérité, l'employé de Ministère gémit bien sur son sort, — comme tout bon citoyen français. Mais au fond, il est le plus heureux du monde : Baptiste lui-même n'est pas plus tranquille. Ne connaissant ni ses Ministres qui changent tout le temps, ni ses grands chefs qui suivent le sort de ses Ministres, il n'en redoute rien, et n'éprouve aucune gêne à prendre maintes licences avec son service. Les heures de bureau ne l'inquiètent que relativement : celles du déjeuner et de la sortie lui tiennent plus à cœur. Il ne comprendrait pas qu'il lui fut interdit de lire chaque matin son journal, puis ceux de ces collègues ; de commenter en toute indépendance le dernier « scandale » ou l'actualité ; de rouler doucement les cigarettes à « griller » durant la journée ; d'aller tailler une petite bavette quotidienne avec les camarades des bureaux voisins, et d'échanger outre les politesses courantes, des cartes pour les expositions artistiques, des billets de faveur pour les théâtres, — obligations bien parisiennes ; d'étudier les questions sportives (pronostics et résultats) ; au besoin de faire une placide manille, à l'ombre des dossiers ; de tenir au courant sa correspondance personnelle ; de s'essayer à la littérature, au théâtre, à la poésie, au journalisme, ou même à la comptabilité, à la publicité ou à d'autres travaux à côté de nature à fournir quelque rémunération accessoire. Le temps qui lui reste est alors consacré, — tout entier, — à sa besogne administrative, à cette chose mystérieuse et respectable qu'on nomme « la bonne expédition des affaires »...

Tout cela est pour lui si naturel, si conforme à la tradition, qu'on l'étonnerait beaucoup, qu'on le froisserait même en lui en faisant grief. Et pourtant, que l'on compare le travail d'un employé de Ministère, avec celui d'un employé de commerce ou de banque, qui, avec un traitement presque toujours inférieur, moins de sécurité, moins d'espoir d'avancement, n'a pour ainsi dire jamais la perspective d'une retraite pour lui et les siens !

Ces habitudes et cet état d'esprit se sont acclimatés petit à petit dans tous les Ministères. L'on peut dire qu'ils s'y sont fâcheusement développés depuis vingt ans surtout.

Il est indispensable et urgent d'y porter remède. Mais pour cela, un effort considérable, persistant, résolu est nécessaire. C'est une réforme profonde qui, seule, viendra à bout de ces abus, — une réforme basée sur les principes suivants :

— Transformer radicalement les cadres administratifs de chaque Ministère.
— Mieux répartir les fonctions, les attributions et la besogne.
— Supprimer toutes les sinécures, tous les emplois insuffisamment justifiés.
— Diminuer le nombre des employés par ces moyens, et en exigeant plus de travail.
— Diminuer les dépenses matérielles, en substituant l'esprit commercial à l'esprit administratif.
— Supprimer sinon totalement, du moins progressivement, toutes les indem-

nités, avouées ou dissimulées, accordées pour bonifier indirectement les traitements, qui doivent être fixés de façon à suffire.

La transformation des services peut se faire par les moyens que voici :

1° *Groupement plus rationnel et plus étroit des attributions*, actuellement trop éparpillées entre les services, et dont la subdivision excessive facilite précisément le développement des Etats-majors, du personnel, les pertes de temps, les abus ;

2° La suppression, partout où ils existent, des postes de *Chefs de Division*, échelons inutiles et coûteux de la hiérarchie administrative, qui ne doit comporter que les emplois suivants : expéditionnaires, commis d'ordre, rédacteurs (et parfois rédacteurs principaux), sous-chefs de bureau, chefs de bureau, sous-Directeurs (où cela est exceptionnellement nécessaire), et Directeurs (dont certains, comme aux Finances, peuvent prendre le nom de Directeurs généraux) ;

3° Usage plus restreint et différent de l'emploi de *Sous-chef de bureau*. Il a pris une importance trop grande, par suite de cette conception fausse que le chef doit forcément être doublé par un ou des chefs, — alors qu'en réalité les fonctions de sous-chef se justifient seulement là où les bureaux contiennent des branches très distinctes : le chef se spécialisant dans l'une, tout en exerçant son autorité sur l'ensemble, et le sous-chef dans l'autre. En un mot, le sous-chef doit être une exception, basée sur la nature variée des services, non une doublure destinée à alléger la tâche normale du chef, ou à le suppléer au temps des vacances. On pourrait, pour arriver à un résultat effectif, « bloquer » le nombre des chefs et des sous-chefs de chaque Ministère, afin de réduire sur le total, et de les répartir autrement ;

4° Distinction nécessaire dans la plupart des services, entre les *Commis d'ordre*, faits pour classer, et les *Expéditionnaires*, faits pour « expédier » c'est-à-dire copier ;

5° Suppression à peu près totale du service de l'expédition tel qu'il fonctionne, avec ses lents copistes répartis entre tous les bureaux. On les remplacerait par des dactylographes (et quelques calligraphes), groupés en un unique *Bureau central d'expédition*, pour chaque Ministère. Au lieu que le travail de chaque bureau soit « expédié » par des expéditionnaires à lui, il le serait par ceux du Bureau central, — ce qui permettrait de formidables économies d'argent et de temps. Exception serait faite pour le Cabinet du Ministre, les Directeurs, et certains services délicats où la besogne est souvent spéciale ou confidentielle ;

6° Economie non moins importante sur le personnel des *huissiers, garçons de bureau, gens de services*, notoirement trop nombreux, trop peu occupés, et qui occasionnent un total de dépenses considérables par leurs traitements, leurs indemnités, suppléments variés, gratifications, habillement, etc.

Par ces moyens, rapidement indiqués ; en le voulant, en le voulant bien ; et en exigeant des Directeurs qu'ils veillent eux-mêmes et sous leur responsabilité, aux détails de cette réforme, — qu'ils prennent contact avec leur personnel, — qu'ils passent dans les bureaux (ce qu'ils ne font jamais), — on aboutirait à des économies sérieuses, on satisferait davantage le public (qui paie), on transformerait les méthodes et l'état d'esprit de nos Administrations centrales.

Quand on le voudra, on le pourra.

MINISTÈRE DES FINANCES. — Le total des dépenses du Ministère des Finances, au Budget de 1903, s'élève à 1,474,671,715 fr. Sur ce chiffre, le Service de *la Dette publique* exige 1,191,721,613 fr., et *les Pouvoirs publics* (Président et Parlement) absorbent 13,489,500 francs.

— **Le Service de la Dette publique** comprend les sommes destinées à faire face aux engagements pris par l'Etat, et se répartissant ainsi :

I. *la Dette Consolidée* (3 %) qui exige 641,017,212 francs.

II. *la Dette remboursable à terme ou par annuités* (17 sources différentes), exige 298,494,862 francs.

III. *la Dette viagère* (20 sources différentes), exige 252,209,539 francs.

Ce dernier chiffre attire particulièrement l'attention. Car, si l'on ne peut diminuer le premier, qui est irréductible, et si l'on n'a pour alléger le second, qu'une augmentation présentement impraticable de l'amortissement, — il reste le troisième, celui de *la Dette viagère*, les 252 millions servant à payer les pensions, allocations, les indemnités, d'espèces très variées, et notamment les pensions civiles et militaires.

La Dette viagères offre cette particularité inquiétante qu'elle grossit toujours. Rien qu'en 1903, elle dépasse le montant de 1902, de 7,769,297 fr. Il convient donc d'examiner une à une, de très près, les 20 sources différentes qui alimentent la Dette viagère. Ce sont :

1° *Les Pensions civiles concédées en vertu de la loi du 22 août 1790 et de quelques autres lois* (pensions, gratifications, et récompenses nationales). Ces pensions exceptionnelles s'élèvent à 620,000 fr. ; toutes paraissent justifiées, il n'y a rien à en retrancher. Elles comprennent, entre autres les pensions accordées aux veuves de Faid'herbe, de Pasteur, de Flatters, de Chanzy, de Paul Bert, à M. Savorgnan de Brazza, aux tirailleurs de la mission Marchand, etc.

2° *Les Rentes viagères d'ancienne origine* (loi du 23 floréal An XI) : 790 fr. seulement.

3° *Pensions de donataires dépossédés* (loi du 26 juillet 1821). Il s'agit des héritiers de titulaires de donations situées à l'étranger, dépossédées par le traité de Vienne, en 1815, et « qui n'auraient rien conservé en France ». Au début, ces donataires et d'autres ayants-droits étaient 3.636 (d'après le *Bulletin des Lois*), et le montant des pensions s'élevait à 1,833,000 fr. C'est peut-être par une interprétation trop large de la loi de 1821, qu'on est encore astreint aujourd'hui à payer de ce chef 177,000 fr. de pensions. *Il y aurait à voir cela de près.*

4° *Pensions civiles* (en vertu de la loi du 9 juin 1853 sur les retraites) : 84 millions 600.000 fr.

5° *Pensions militaires de la guerre* (lois diverses) : 103.000.000 fr.

6° *Pensions militaires de la marine* (id.) : 38.673.000 fr.

Les Pensions de Retraites

Ainsi qu'on le voit, ces trois derniers groupes de pensions civiles et militaires, coûtent ensemble 226.273.000 francs par an.

C'est un chiffre énorme et l'on en doit déduire que le régime des pensions de retraites tant civiles que militaires appelle une modification radicale.

Il faudrait une réforme raisonnable de la législation qui le régit. Et l'on arriverait non pas d'un seul coup, mais rapidement à une économie de moitié environ, soit *110 millions*, en ne stipulant que pour l'avenir et sans porter bien entendu atteinte à aucune situation actuelle, à aucun droit acquis, — sauf compensations acceptées par les intéressés.

Les lois et décrets régissant cette matière sont nombreux et complexes : pour les pensions civiles seules, on en peut compter près d'une cinquantaine différentes et encore en vigueur, dont les dispositions essentielles se résument à ceci :

— *La pension des fonctionnaires civils* provient de la retenue de 5 % opérée sur les traitements, et des sommes que l'État y ajoute. Le droit à la pension comprend 2 éléments : l'âge et la durée des services, 60 ans d'âge, 30 années de services. Le taux de la pension est, en principe, de moitié du traitement moyen des 6 dernières années de service. En aucun cas, la pension civile ne peut dépasser 6,000 fr. La veuve du fonctionnaire retraité touche un tiers de la pension qu'avait le mari, sauf exception. Et ce tiers est reversible dans la plupart des cas, sur les orphelins jusqu'à l'âge de 21 ans.

Tels sont les principes. Et c'est leur application qui nous vaut au budget la lourde charge, sans cesse grandissante, de 84,600,000 fr. pour les pensions civiles.

Or, il est permis de croire qu'au moment où des réformes organiques s'imposent en France, où le budget trop lourd demande à être allégé, — une des premières économies sérieuses à accomplir est celle qui résulterait d'une réforme du régime des pensions de retraite. Sa base actuelle ne correspond plus aux nécessités de notre époque; elle est à la fois trop compliquée, trop coûteuse, et l'on doit trouver une formule nouvelle, plus simple, plus économique et plus démocratique.

Cette réforme, en ce qui concerne les pensions des fonctionnaires civils, pourrait, croyons-nous, s'effectuer d'après les principes nouveaux suivants :

— Le fonctionnaire doit fournir un travail réel, et recevoir en échange un traitement bien en rapport avec la tâche qui lui est demandée.

— Les pensions de retraites ne doivent plus, comme actuellement, fournir à ceux qui les reçoivent une sorte de seconde situation officielle et rémunératrice, mais uniquement le strict nécessaire.

— Le taux de la pension doit être calculé (dans la mesure du possible), comme si elle provenait uniquement des retenues opérées sur le traitement d'activité.

— Elle doit être ramenée à une série de types gradués, établis pour les fonctionnaires d'ordre équivalent, et selon l'importance de leurs emplois, par exemple : 600 fr., 800 fr., 1.000 fr., 1.200 fr., 1.800 fr., 2.000 fr., 2.400 fr., 3.000 et 3.400 fr. au plus, de retraite.

— La retenue sur les traitements serait maintenue à 5 %.

— La retenue du premier mois (que rien ne justifie et qui souvent endette le fonctionnaire pour des années) serait supprimée.

— Le droit à la pension serait acquis après 30 années de services et 60 ans d'âge.

— Toutefois, le fonctionnaire, au point de vue de l'âge, aurait le droit de faire cinq années en moins (c'est-à-dire de se retirer à 55 ans et 30 ans de services), en touchant 100 francs de pension en moins pour les pensions jusqu'à 1.000 francs inclus, et 200 francs en moins pour celles de 1.200 à 3.400 francs. Il aurait de même la faculté (mais avec l'agrément de l'Etat) de faire cinq années en plus (avec 35 ans de services) et de s'assurer ainsi une augmentation de pension de 100 à 200 francs, comme ci-dessus.

— Ou bien encore, d'après un système décrit par M. Antonin Dubost, rapporteur général du budget au Sénat, adopté par cette Assemblée l'an dernier, disjoint par la Chambre, et repris ces temps-ci par la Commission du budget : la mise à la retraite des fonctionnaires ne serait plus opérée d'office, comme il arrive trop souvent, à 30 ans de services et 60 ans d'âge. Il n'y aurait plus, à ce point de vue, de règle fixe ; le cas de chaque agent serait examiné séparément, pour voir si le fonctionnaire arrivé à 60 ans ne peut pas rester encore en fonction, au lieu de charger prématurément le service des pensions. On ne prononcerait la retraite qu'en cas d'incapacité constatée.

— La veuve du fonctionnaire retraité touchera non plus un tiers, mais moitié de la pension qu'avait son mari. Et cette moitié sera réversible comme actuellement sur les orphelins, jusqu'à l'âge de 21 ans.

— La modification du régime des pensions devra respecter tous les droits acquis, ne toucher ni aux retraites présentement servies, ni (sauf dérogations à examiner, ou acceptation de combinaisons nouvelles ou d'indemnité par l'intéressé) à celles des fonctionnaires actuels, entrés au service de l'Etat en remplissant les conditions qu'on leur imposait et en escomptant les avantages qu'on leur promettait en échange.

— Quant aux *Pensions militaires de la Guerre*, voici quelle a été leur progression en ces dernières années :

En 1878, elles étaient de	55.000.000 fr.	En 1895, elles étaient de	86.762.270 fr.
1887, » »	79.650.000 »	1900, » »	95.542.000 »
1890, » »	82.118.737 »	1903, » »	103.000.000 »

Elles sont régies par plusieurs lois et décrets (1831, 1855, 1861, 1874, 1875, 1878, 1879, 1880, 1881, 1882). Leur base est très variable, d'après les catégories auxquelles les textes s'appliquent. Disons toutefois qu'elles n'ont pas comme celles des civils, un maximun déterminé, et que l'on peut citer actuellement encore, des anciens généraux retraités qui, par des cumuls de pensions et d'indemnités, arrivent à toucher jusqu'à 10 et parfois 12.000 francs. En outre, les grades dans la Légion d'honneur entrent en ligne de compte et valent un surcroit de pension (ce qui nous coûte près de 11 millions par an).

Comme pour les pensions civiles, une réforme profonde des pensions militaires s'impose. Elle est plus délicate à accomplir cependant, parce qu'elle est connexe à l'organisation du recrutement des cadres et à celle de l'armée entière.

Mais il serait possible d'étudier une modification d'ensemble, basée sur une progression analogue à celle que nous indiquons plus haut pour les retraites civiles, bien qu'assez differente. Cette réforme des pensions militaires pourrait s'effectuer d'après les principes suivants, à compléter d'ailleurs sur plusieurs points :

— La pension de retraite ne doit plus fournir comme actuellement à ceux qui la reçoivent, une seconde situation officielle et rémunératrice.

— La pension du militaire retraité doit être, proportionnellement plus élevée que ne le serait, avec notre système, la pension du civil.

— Il y aura lieu de distinguer toujours entre le militaire (ou le marin) ayant fait réellement la guerre et vu le feu, et celui qui n'est pas dans ce cas. Cela dans des conditions à déterminer, et peut-être par un classement en plusieurs catégories, selon les risques courus.

— Le calcul des années de service devra se faire sans compter double certaines années (l'année étant de 365 jours pour tout le monde), — sans compter comme campagne le simple séjour en Algérie sans campagne réelle, — sans compter comme une année entière toute période inférieure à 12 mois, etc.

— Fixer aux pensions militaires, comme cela existe actuellement pour les pensions civiles, un maximum strict (4.800 francs par exemple) et une échelle décroissante d'après les grades, l'âge, la durée et la valeur des services : 4.800 fr., — 3.600, — 2.400, — 1.800, — 1.200, — 800.

— Poser en principe que le taux de la pension, et même celui du maximum, pourra être largement bonifié (dans des conditions à déterminer rigoureusement), pour faits de guerre, actions d'éclat, blessures, ou service périlleux au loin, c'est-à-dire pour qui aura risqué indiscutablement sa santé ou sa vie.

— Supprimer les traitements viagers, attachés pour les militaires seuls, à leur dignité dans la Légion d'honneur : une récompense honorifique devant, pour rester telle, ne comporter aucun avantage financier.

— La veuve du militaire retraité touchera moitié de la pension qu'avait ce dernier, et cette moitié sera reversible, comme actuellement sur les orphelins jusqu'à l'âge de 21 ans.

— Dans aucun cas, l'officier retraité ne pourra cumuler cette retraite avec une autre pension de l'Etat, militaire ou civile.

— Respect absolu des droits acquis, tant en ce qui concerne les retraites actuellement servies, et (sauf dérogations à examiner, ou acceptation de combinaisons nouvelles ou d'indemnités) à celles des officiers actuellement au service de l'Etat.

— Pour *les Pensions militaires de la Marine* qui exigent une somme annuelle de 38.673.000 francs, elles sont régies par des nombreuses lois allant de 1831 à 1835.

Elles seraient modifiées d'une façon analogue et selon les principes que nous venons d'indiquer pour celles de la guerre.

Tout ceci, qu'il s'agisse des pensions civiles, ou de celles de la guerre ou de la marine, n'est bien entendu qu'une énumération de principes et d'idées qu'il importerait d'étudier de plus près, de compléter, de préciser, avant de les faire passer dans la pratique.

Il y a, du reste, une autre *proposition de réforme des pensions*, plus moderne et plus radicale encore, qui est peut-être la vraie solution de l'avenir. Elle consiste, ainsi que l'a dit M. Antonin Dubost, dans son si remarquable rapport général de 1903, non pas dans l'amélioration des lois actuelles, — mais dans l'abandon total par l'Etat, du service des retraites, avec obligation pour tous les fonctionnaires civils et militaires, de se constituer eux-mêmes des retraites, pour lesquelles l'Etat verserait une contribution suffisante.

Il conviendrait d'utiliser là, « cette conception féconde de l'assurance qui se trouve à la base de presque toutes les spéculations privées. » Les versements et les primes seraient établis d'après des barèmes analogues à ceux en usage dans les Compagnies d'assurance. Les fonctionnaires civils et militaires verseraient tant pour cent, sur leurs appointements mensuels. L'Etat ferait un versement parallèle, soit égal, soit du double, — et grâce à ces sommes capitalisées, les pensions se constitueraient en quelque sorte automatiquement, selon les principes ordinaires de l'Assurance.

Et, par ce moyen, comme par ceux étudiés plus haut, l'Etat arriverait certainement et assez vite, à réaliser sur les 226.273.000 fr. qu'il consacre chaque année au service des pensions civiles et militaires de la guerre et de la marine, une *économie de 110 millions au moins.*

Ainsi disparaîtra, d'une façon ou de l'autre, cette partie de la *Dette viagère* qui, d'après l'expression si juste de M. Thomson, apparaît « comme « la plaie chaque jour plus large, ouverte au flanc du Trésor, et par « laquelle s'écoulent les ressources des contribuables. »

Les autres sources de la *Dette viagère* sont :

7° *Les secours aux pensionnaires de l'ancienne liste civile des Rois Louis XVIII et Charles X*, que nous continuons à payer !

8° *Les pensions et indemnités viagères de retraites aux employés de l'ancienne liste civile et des domaines privés de Louis Philippe*, que nous continuons à payer !

9° *Pensions des grands fonctionnaires*, accordées par Napoléon III (en vertu d'une loi de 1856), dans un but politique, à quelques favoris, — et que nous payons depuis près d'un demi siècle !

10° *Pensions aux anciens donataires du Mont-de-Milan.* Ces pensions se rattachent à la création d'un établissement le « Monte Milano » faite par Napoléon Ier en 1805, pour l'unification de la dette italienne ; et aux dotations et majorats créés à cette époque. Elles nous coûtent encore actuellement 189.700 fr.

Majorats, Dotations, etc. — A propos de ces dépenses visées par les paragraphes 7 à 10 ci-dessus, et qui grossissent si étrangement le chiffre de la dette viagère, c'est le lieu de se demander si le gouvernement de la République n'aurait pas eu le droit de se montrer plus regardant.

Le budget ne doit comprendre que des charges rigoureusement justifiées par des droits réels et sérieux. Or, sans méconnaître ce qu'exige le respect de l'unité morale de la Patrie, on peut penser que la République n'est pas tenue de considérer sans contrôle, les yeux fermés, comme des dettes de la France elle-même, certains engagements que le simple bon plaisir d'un souverain ou sa fantaisie du moment, a fait insérer au Budget de l'Etat. Lorsqu'il y a eu vraiment service rendu à la Patrie, peu importe le régime politique sous lequel il l'a été : l'engagement pris doit être fidèlement tenu. Mais pourquoi en serait-il de même, quand c'est à une cause politique que le service a été rendu, à une famille régnante, à la personne du souverain ou à sa cause ? Encore faut-il dans un cas ou dans l'autre, que la récompense accordée l'ait été conformément aux règles de notre droit public.

Vis à vis de ces récompenses exceptionnelles et dont le caractère est beaucoup plus politique que national, — un régime différent peut se tenir pour libéré, délié. Peut-on douter par exemple, que si l'Empire revenait, il hésiterait à rayer du Budget, les « indemnités viagères aux victimes du coup d'État » qui y figurent pour 3.400.000 francs? Ne pouvons-nous, à plus forte raison, nous étonner de payer encore, sous la République, depuis 69 ans, des secours aux favoris qu'il avait plu aux *Rois Louis XVIII et Charles X d'inscrire comme pensionnés de leur liste civile*? Ou encore, de payer depuis 68 ans, des *pensions aux employés de l'ancienne liste civile de Louis Philippe*, — dont la famille et les héritiers eussent dû conserver les charges, comme ils en ont utilisé, réclamé ou gardé les abondants profits? De même pour les *Majorats* constitués (certains depuis près d'un siècle), par la seule initiative et la libéralité facile du Prince, rétablissant indirectement le privilève du droit d'aînesse, et par suite en contradiction avec le Code civil qui l'a aboli : d'autant que ces Majorats exigent actuellement l'inscription de 750.000 fr. de rente 3 % répartis entre 48 titres, appartenant à 37 titulaires.

Un seul de ces majorats, le majorat Berthier, s'élève présentement à 185.000 fr. de rente, grossi encore par une autre somme de 25.000 fr. sur la dotation du Mont-de-Milan, — soit 210.000 fr. de rente que bénévolement la France continue à servir chaque année à la famille Berthier, par suite d'un avantage particulier dont il a pris, un beau jour, fantaisie à l'Empereur de la gratifier!

On en peut dire autant d'autres *Dotations* (dont la régularité de constitution et de transmission est douteuse), créées sous le Premier Empire, en faveur de 5.176 titulaires, avec un revenu total de 32.463.817 francs, — et que la Monarchie, après 1815, ne se gêna point pour réduire de 29 millions, dépossédant plus de 3.000 de ces titulaires.

Et encore, de certaines *Pensions exceptionnelles* dont quelques-unes confinent à la cocasserie. Par exemple celle-ci que M. Thomson citait récemment dans un curieux article du « Siècle », auquel nous l'empruntons. Nous servons encore une « pension de 6.000 livres qui a été accordée « en date du 1er mars 1757, à la veuve de Jean-Baptiste de Chambord, tué « accidentellement à la chasse, par le Dauphin, au fils né de leur mariage, « et à sa postérité. Une ordonnance du 14 janvier 1816, en autorisant « l'inscription au Trésor Public, a consacré la propriété perpétuelle de « cette pension qui ne cesserait d'être acquittée qu'au cas où la famille de « Chambord viendrait à s'éteindre. De sorte qu'en fait, cette pension « qui a déjà près de 150 ans d'existence, ne finirait jamais. Voilà un coup « de fusil qui a coûté bien cher au pays! » Le calcul est simple : 6.000 liv. ou francs pendant 146 ans, font la jolie somme de 876.000 fr., et ce n'est pas fini!

Enfin, n'est-il pas incroyable de voir, à côté de pensions accordées aux victimes du Coup d'État de 1851, d'autres *Pensions* attribuées par le bon plaisir de Napoléon III, en vertu d'une loi que lui fit en 1856 une Chambre complaisante, aux « familles de hauts fonctionnaires », c'est-à-dire de ceux dont le titre unique à cette coûteuse faveur est d'avoir aidé Louis-Napoléon Bonaparte à préparer et exécuter ce même Coup d'État? Ces pensions, dont certaines atteignent 12.000 fr. se montent à 69.000 francs.

Une révision de toutes ces charges exceptionnelles et sujettes à caution, s'impose. L'acte qui les modifiera ne sera pas plus arbitraire que ceux qui les ont constituées; il sera même parfaitement légitime. Le

Budget d'une Démocratie ne saurait comporter ces mêmes traces de bon plaisir que le Budget d'une Monarchie enregistre avec complaisance. Les règles posées par le Code Civil obligent du reste tous les français, également. Et la République ne peut, sans faiblesse, avoir la candeur de récompenser plus longtemps par de riches prébendes l'hostilité ou les crimes contre la loi de ceux qui l'ont combattue, trahie, supprimée. Nos devanciers n'ont pas eu cette naïveté. Ni la Monarchie dite légitime, lorsqu'elle supprima les pensions de plus de 3.000 titulaires de *dotations* créées par le Premier Empire. Ni la Monarchie de juillet, agissant de même en 1831 et 1832. Ni l'Assemblée constituante de 1849. Ni l'Assemblée nationale en 1871. Car à toutes ces époques, les Gouvernements successifs ont considéré comme nécessaire de reviser les pensions de ce genre, d'en poursuivre la réduction et même l'extinction.

M. Thomson, rapporteur du Budget des Finances ayant eu l'excellente idée de soulever cette question (qui eut dû l'être depuis 25 ans), M. Rouvier, Ministre des Finances, a constitué une Commission chargée d'examiner au point de vue juridique, la situation des majorats, dotations et pensions exceptionnelles, constituées ou accordées par les régimes antérieurs. Elle respectera évidemment les libéralités faites en récompense de services réels rendus au pays, sous quelque régime que ce soit. Mais elle réduira ou supprimera les autres. Et l'on est en droit d'espérer qu'elle trouvera là une source d'*économie de 1.500 000 fr. à 2 millions.*

11° *Pensions à titre de récompense nationale*, aux blessés de mai et juin 1848.

12° *Traitement viager des membres de la Légion d'honneur et des médaillés.* Nous en parlons au Budget de la Légion d'honneur.

13° *Pension des écclésiastiques sardes* (annexion de la Savoie).

14° *Suppléments de pensions aux anciens militaires ou marins, ou à leurs veuves.*

15° *Indemnités viagères aux victimes du Coup d'Etat de 1851.*

16° *Pensions et indemnités de réforme de la Magistrature* (1883).

17° *Pensions aux anciens Professeurs des facultés de Théologie catholique.*

18° *Pensions viagères aux survivants des blessés de février 1848.*

19° *Part contributive de l'Etat dans les pensions civiles de la Préfecture de la Seine et de la Préfecture de police.*

20° *Allocations supplémentaires aux officiers, sous-officiers et soldats* (unification des pensions).

Le total des économies à réaliser sur la Dette viagère, d'après les indications que nous venons de donner, serait *de 112.000 000* fr.

— **Les Pouvoirs publics** coûtent 13.489.500 fr., ainsi répartis :

Le Président de la République : 600.000 fr. de dotation; 300.000 fr. pour frais de sa maison, et 300.000 fr. de frais de voyages, déplacements et représentation.

Au total : 1.200.000 fr., ce qui est juste suffisant, car la charge est lourde.

Tous les autres régimes nous coûtaient infiniment plus cher :

Premier Empire : 25 millions de liste civile et 3 d'apanages, — soit 28 millions.

Monarchie : 25 millions et 8 pour la famille royale, soit 33 millions.

Monarchie de juillet : 12 millions et 2 au Duc d'Orléans, — soit 14 millions.

Second Empire : 26 millions et demi, plus dotation à la famille.

Le Sénat, toutes dépenses comprises, coûte 4.600.000 fr. pour 300 sénateurs, soit 15.333 fr. par sénateur. L'indemnité touchée par chaque sénateur est de 9.000 fr. au lieu de 30.000 sous l'Empire.

La Chambre, toutes dépenses comprises, coûte 7.689.500 fr. pour 584 Députés, soit 13.166 par Député. L'indemnité pour chaque Député est de 9.000 fr. au lieu de 12.500 par session ordinaire et 2.500 par mois de session extraordinaire, sous l'Empire.

Beaucoup de bons esprits estiment qu'il y aurait tout profit pour le pays et pour le bon fonctionnement du Parlementarisme à diminuer le nombre des Sénateurs et Députés. Nous partageons cette façon de voir, mais sans aller aussi loin que d'autres. Ce nombre pourrait être ramené à 250 pour les Sénateurs, et 450 pour les Députés. Mais il conviendrait d'augmenter en même temps leurs traitements, en le portant à 12.000 francs.

L'économie finale serait pour le Sénat : 50 sénateurs en moins à 15.333 francs l'un = 766.650, moins (3.000 fr. × 250) 750.000, soit 16.650 fr. — Et pour la Chambre, d'après des calculs analogues, 414.244 fr. — *Economie totale sur le Parlement : 430.894 francs.*

Nous allons examiner les divers Chapitres du budget des Finances :

— (Chapitres 44). *Administration centrale* (3.514.500). Le personnel central de ce Ministère est infiniment trop nombreux, et travaille beaucoup trop peu. Le nombre des employés s'y occupant d'autre chose en dehors y est plus grand que partout ailleurs. Il y en a même qui, pour s'occuper plus librement de cette besogne à côté, prennent un de leurs subalternes en guise d'« employé personnel », pour accomplir leur tâche administrative. Donc : trop de sans-gêne, trop de laisser-aller, trop de loisirs ; économies à réaliser.

Il y a 28 chefs de bureaux et 63 sous-chefs, coûtant ensemble 584.500 fr. On peut certainement retrancher 25 sous-chefs à 5.500 l'un en moyenne. — *Economie* : 137.800 *fr.* — Sur 110 rédacteurs (de 3 catégories), à 2.750 fr. en moyenne, en supprimer 10. — *Economie* : 27.500 *fr.* — Sur 250 expéditionnaires (de 2 catégories), à 2.900 fr. en moyenne, en supprimer 50, par la création d'un Bureau central d'expédition, (la nature variée des services de ce Ministère obligeant même à plusieurs Bureaux centraux). — *Economie* ; 145.000 *fr.* — Sur 54 agents de comptoirs (2 catégories) coûtant 118.000 fr., *économiser* 10.000 fr. — Sur l'article « salaires, travaux et indemnités » qui est spécial à ce Ministère, et se justifie par le surcroît de besogne qui se produit périodiquement et par poussées, (729.950 fr.,) *économiser* 25.000 *fr.* — Sur les « Traitements des agents du matériel du service intérieur », (320.650 fr.,) *économiser* 50.000 francs. — Sur les gratifications, qui viennent en plus d'autres indemnités (50.000 fr.,) *économiser* 15.000 *fr.* — *Economie sur le chapitre* : 410.000 *francs.*

— (Ch. 45). *Inspection des Finances* (855.600 fr). Elle rend de réels services, depuis qu'on a su la mieux employer. On peut cependant supprimer 2 inspecteurs généraux à 15.000, et porter l'*Economie totale sur le chapitre à* : 55.000 *francs.*

— (Ch. 46). *Personnel des Administrations financières* (1,624,850 fr.) — L'Administration centrale des *Contributions directes* (191.900 fr.) peut être diminuée de : 2 sous-chefs à 5.500, et 5 expéditionnaires à 3.200 ; soit 27.000 fr. — Celle de l'*Enregistrement* (401.400 fr.), de 6 sous-chefs à 5.500 ; 3 rédacteurs à 4.000 et 8 commis à 3.200 ; soit 70.600 fr. — Celle des *Douanes* (356.200), sur les chefs, sous-chefs, rédacteurs et expéditionnaires, de 40.000 fr. — Celle des *Contributions Indirectes* (437.000), également, de 50.000 fr. — Celle des *Manufactures de l'Etat* (238.350) de 15.000 fr. — *Economie sur le chapitre : 202.600 francs.*

— (Ch. 47). *Indemnités* (44.850). Elles constituent en réalité des supplé-

ment de traitement. Y supprimer 5.000 fr. — *Economie sur le chapitre : 5.000 francs.*

— (Ch. 48). *Matériel* (569.580). A côté de dépenses concernant réellement le matériel, et qui sont exagérées sur beaucoup de points, on trouve dans ce chapitre de nombreuses séries de salaires et de nouvelles indemnités. — *Economie sur le chapitre : 60.000 francs.*

— (Ch. 49). *Impressions* (2.272.400 fr.) Il y a peu à rogner ; il s'agit là de dépenses productives et utiles. Mais on y retrouve encore des salaires et indemnités. — *Economiser 20.000 francs.*

— (Ch. 50). *Dépenses diverses* (196.540). Chapitre essentiellement élastique, comme l'intitulé l'indique. On y retrouve encore des variétés d'indemnités. — *Economiser : 10.000 francs.*

— (Ch. 51 à 55 ; 63, 64 ; 74 ; 76, 77 ; 79 ; 83 ; 88 ; 90). *Trésoriers, Receveurs des finances, Percepteurs, Contributions directes, Enregistrement, Contributions indirectes* Economies résultant dans ces diverses administrations, de la Réforme régionale étudiée précédemment. — *Economie sur ces chapitres : 13,661.056 francs.*

[*Perception, Enregistrement.* — A ce sujet, je dois signaler ici un ingénieux projet de réforme qui m'a été indiqué par un lecteur que sa situation dans l'Administration rend particulièrement compétent.

Dans chacun des 2/3 des chefs-lieux de cantons (les moins importants), tous les impôts recouvrés actuellement par le Percepteur et ceux perçus par le Receveur de l'Enregistrement des Domaines et du timbre, seraient payés à la caisse du fonctionnaire unique qui cumulerait entièrement les attributions confiées à ces deux agents du fisc, on pourrait appeler ce fonctionnaire, *Collecteur d'impôts.*

On peut alléguer qu'il serait impossible à la plupart des percepteurs de liquider les droits d'enregistrement ; que ce dernier impôt, le plus productif pour le Trésor, n'est pas perçu d'après des rôles nominatifs où la quotité des taxes est calculée d'avance ; qu'il exige au contraire, pour la détermination du quantum exigible, une connaissance approfondie du droit civil et du droit fiscal, à raison même de la variété infinie des conventions présentées à la formalité, et de nombreuses subtilités que ces conventions renferment.

Cela est vrai ; mais pour y parer, il suffirait que l'Etat exige des « Collecteurs », les conditions de capacité et d'intelligence actuellement requises des receveurs de l'Enregistrement, qui, eux, feraient à peu près tous, au bout de 3 mois, d'excellents percepteurs.

Le résultat de cette réforme serait celui-ci. Actuellement l'Etat dépense 11,000,000 environ pour les Percepteurs (ch. 74), et 16,000,000 pour les Receveurs de l'Enregistrement (ch. 79.). Or, en donnant aux Collecteurs les attributions peu absorbantes, et les émoluments assez élevés, des Receveurs municipaux, des Commis du canton, — avec le seul crédit de 11,000,000 affecté aux Percepteurs, les nouveaux Collecteurs pourraient assurer à la fois, tous les services de la perception et de l'enregistrement. Comme cette organisation ne serait applicable que dans les 2/3 des cantons (les moins importants), il en résulterait une économie pour l'Etat, des 2/3 du crédit affecté aujourd'hui à l'Administration de l'Enregistrement, soit les 2/3 de 16,000,000, ou au minimum *10 millions*. On trouverait aisément à pourvoir ce service nouveau d'agents compétents, offrant toutes les garanties désirables au point de vue des connaissances nécessaires, de la moralité et du cautionnement.]

Monnaies et Médailles. — Le Budget des Monnaies et Médailles **se balance exactement en recettes et dépenses, à 3.395.100 fr. Il est certain que là, comme dans toutes les autres administrations françaises, des économies sont réalisables. On pourrait certainement, par des réformes organiques analogues à celles que nous proposons ailleurs, *économiser 75,000 francs.***

Le total des Economies sur le Ministère des Finances est de : 116.929.550 francs.

MINISTÈRE DE LA JUSTICE. — Le total des dépenses est de 36.845.383 francs.

— (Chapitre premier). *Personnel de l'Administration centrale* (517.000 fr.). Le personnel de l'Administration centrale a été réduit à plusieurs reprises, en 1884 et 1892 notamment. Cependant, il est encore possible, en s'inspirant des principes nouveaux que nous voudrions voir régner dans nos Administrations, et de la nécessité d'exiger plus de travail, puis en remaniant les services, de réaliser quelques économies. Supprimer 1 chef de division, ce grade étant comme nous l'avons dit, en dehors de la hiérarchie normale.

Economie, 11.000 fr. — Bloquer les 10 chefs et les 14 sous-chefs, et supprimer sur l'ensemble : 6 sous-chefs à 5.000 en moyenne. *Economie : 30.000 fr.* — Sur les 47 rédacteurs, commis et stagiaires, en supprimer 7 à 3.000 fr. *Economie 21 000 fr.* — Bloquer les expéditionnaires qui sont 14, en un Bureau central d'expédition comprenant 6 dactylographes, plus 1 expéditionnaire au Cabinet et un au Personnel, soit 8 au lieu de 14. En moins 6 à 2.375. *Economie : 14.250.* — Sur les gens de service (48.000 fr.). *Economiser : 8.000 fr.* — *Economie totale sur ce chapitre : 84.250 fr.*

— (Ch. 2). *Matériel de l'Administration Centrale* (86.000). — *Economiser : 6.000 fr.*

— (Ch. 2 bis). *Travaux de reconstruction de l'Imprimerie Nationale* (1.500.000). Cette dépense est accidentelle. Mais nous l'économisons par la suppression même de l'Imprimerie Nationale, que nous demandons et justifions plus loin. — *Economie : 1.500.000 fr.*

— (Ch. 7, 9, 12). *Personnel des Cours et Tribunaux et des justices de paix.* — Economies résultant de la Réforme régionale étudiée précédemment. *Economie : 10.167.650 fr.*

— (Ch. 14). *Frais de justice* (5.030.000) ; dépenses excessives dont j'ai parlé d'autre part. Non seulement elles suffiraient avec la réforme, mais on peut y *économiser 300.000 fr.*

— (Ch. 16). *Frais de statistique, publications* (128.500). Faire moins de publications et de moins luxueuses, et les faire exécuter par l'industrie privée, non par l'Imprimerie nationale. — *Economiser : 35.000 fr.*

Total des économies pour la Justice seule : 12.092.900 fr.

Légion d'Honneur. — Les dépenses de ce Budget annexe de celui de la Justice, s'élèvent à 16.308 869 fr.

Il semble désirable de supprimer *les Maisons d'éducation* de la Légion d'Honneur, qui répondaient aux préoccupations et à l'état d'esprit d'une époque toute différente : celle de l'Empire où tout était plus ou moins militarisé. Les bourses mises à la disposition du Ministre de l'Instruction publique doivent suffire à tous les besoins. Et l'instruction comme l'éducation des Lycées de filles sont infiniment supérieures à celles des maisons de la Légion d'Honneur, dont les inconvénients ont été maintes fois signalés. Cette suppression fournirait une *économie de 1.135.915 fr.*

De même, il convient de supprimer ce qu'on appelle improprement « *le traitement des membres de l'Ordre* » puisqu'il n'y a parmi ceux-ci, que les militaires recevant un traitement d'après le grade qu'ils occupent dans cet ordre National. La Légion d'Honneur, qui, de par la volonté même de son créateur, est faite pour les civils et les militaires à la fois, est une récompense essentiellement honorifique. Rien ne justifie l'indemnité importante qu'elle vaut à certains, et qui semblerait indiquer que le mérite se rétribue et se paye. Par cette suppression, on *économise 9.405.000 fr.*

— (Ch. 1er). *Personnel de la Grande Chancellerie* (218.000). — *Economiser : 18.000.*

— (Ch. 2). *Matériel* (53.600). — *Economiser : 5.600 fr.*

— (Ch. 3). *Gratifications, étrennes, divers* (15.000). — *Economiser : 5 000 fr.*

Total des économies pour la Légion d'Honneur : 10.570.015 fr.

Imprimerie Nationale. — C'est là une de ces antiques institutions qui subsistent par la seule force de la légende qui s'est créée autour d'elles. Celle-ci avait pour but de servir de modèle à l'industrie de l'Imprimerie, et d'en être comme le Conservatoire. Or cette industrie a fait de tels progrès qu'elle n'a rien à apprendre de l'Imprimerie Nationale, — au contraire. Elle produit aussi bien, souvent beaucoup mieux (notamment pour les travaux artistiques), et à meilleur compte.

Secondement l'on dit encore qu'un gouvernement peut avoir en certains cas des travaux urgents et secrets à faire imprimer. Bonaparte, préparant son coup d'Etat, fit imprimer dans la nuit, à l'Imprimerie Nationale, ses proclamations affichées le lendemain matin. Cet exemple n'est pas pour nous convaincre. La République n'a eu depuis 33 ans qu'une seule occasion de faire imprimer un volume temporairement confidentiel : le réquisitoire contre le général Boulanger traduit devant la Haute-Cour. Or, elle ne s'adressa point à son imprimerie officielle, probablement mal outillée pour cela, mais à l'imprimerie réactionnaire du « Moniteur universel », et le jour même où les volumes étaient terminés, la presse boulangiste en recevait communication par une indiscrétion tapageuse. En réalité l'Etat n'a plus rien de confidentiel à faire imprimer : ce point de vue ne se justifie plus.

D'autre part, l'Imprimerie Nationale est sensée rapporter 468.500 fr. Mais c'est une illusion, car ses travaux exécutés surtout pour l'Etat, sont payés infiniment plus cher qu'ils ne le seraient venant de l'industrie privée. On prend dans une de nos poches pour mettre dans l'autre.

Enfin, et ceci est plus grave, l'industrie privée se plaint hautement et avec raison du tort considérable que lui fait l'Imprimerie Nationale, en lui enlevant des commandes. Tous les Congrès d'imprimeurs protestent en toutes circonstances, contre l'existence de cet établissement, et surtout contre certaine décision du Garde des sceaux, en 1889, qui lui a donné le droit d'accaparer ainsi tous les genres de travaux. Elle ne cherche même plus à sauver les apparences : elle a pris récemment à sa charge l'exécution des brevets d'invention du nouveau modèle ; elle songe à faire une édition de Victor Hugo, en 70 volumes ; on parle de créer pour elle un « Bulletin officiel pour les publications légales » qui ruinera la plupart des journaux en leur retirant la publicité qui est leur principale ressource; et ces jours-ci l'on signalait que ce prétendu Conservatoire de l'Art typographique imprimait le menu du dîner des « Parisiens de Paris ». On n'aperçoit vraiment pas la nécessité d'entretenir un luxueux établissement d'État, pour cela !

On l'aperçoit d'autant moins que la concurrence ainsi faite officiellement à l'industrie libre, et aux si nombreux ouvriers que celle-ci occupe en France, ne se justifie par rien.

L'Imprimerie Nationale doit disparaître. Ce sera une *économie de 7.213.500 francs.*

Total des économies pour l'Imprimerie Nationale : 7.213.500 francs.

Le Total des Economies pour le Ministère de la Justice est de : 30.056.415 francs.

MINISTÈRE DES AFFAIRES ÉTRANGÈRES. — Le total de Dépenses est de 17.086 210 fr.

Ce Département a des traditions nécessaires qui lui imposent une organisation différente de celle des autres Ministères. Moins bureaucratique, plus affinée, l'administration des Affaires étrangères a des exigences spéciales, luxueuses parfois, qu'il convient de respecter. Elle doit compter avec les usages et les coutumes des Administrations similaires de l'Etranger avec lesquelles elle est en rapport constant.

Cependant, là comme ailleurs, il est possible de faire certaines suppressions, et d'exiger davantage.

— (Chapitre premier). *Personnel de l'Administration centrale.* — Les emplois pourraient être mieux répartis, ce qui permettrait d'en supprimer quelques-uns. Par exemple, il y a un bureau (le deuxième des Archives) qui est ainsi composé : 1 chef de bureau, 1 chef adjoint, 1 sous-chef, et 1 attaché payé ; soit 3 chefs pour un employé !

Trop de sous-directeurs, de sous-directeurs adjoints, et surtout d'attachés payés (90).

L'Administration centrale coûte 825.000 fr. Par un remaniement général étudié avec soin, le Ministre peut arriver à une *économie de 125.000 francs.*

— (Ch. 2). *Matériel de l'Administration centrale.* — Des économies notables pourraient également être faites ici, sans lésiner, et sans perdre de vue les traditions d'élégance de ce Département. On avouera que 21.500 fr. pour le chauffage, est excessif ; que le crédit de 2.500 fr. (huile, bougies, allumettes !), est amusant, à côté d'un autre crédit de 29.000 fr. d'éclairage au gaz et à l'électricité. D'autant que nous trouvons plus loin une autre crédit intitulé « menues dépenses du service intérieur », et un autre crédit de « Fournitures diverses ». Tout cela est singulièrement élastique, caractéristique aussi, et nous coûte 218.000 fr. au total. On peut *économiser 50.000 fr.*

— (Ch. 4). *Traitement des Agents diplomatiques et consulaires* (5.596.000 fr.). Le Ministre seul peut dire si tous ces postes sont nécessaires. Il serait imprudent de prétendre indiquer ici aucune suppression en dehors de lui. La France doit du reste assurer largement et dignement sa représentation à l'étranger.

— (Ch. 5). *Traitement des Chanceliers, Drogmans, Interprètes, élèves Vice-Consuls, commis et auxiliaires* (2.020.000 fr.). La même observation s'applique à ce chapitre.

— (Ch. 6). *Traitement des agents à la disposition du Ministre* (134.900 fr.). Peut-être y a-t-il des abus dans les traitements alloués à ces agents « à la disposition » et à ceux « en disponibilité ». On place trop facilement les agents dans cette situation. Il est possible d'*économiser 30.000 fr.*

Total des économies pour le Ministère des Affaires étrangères : 205,000 fr.

MINISTÈRE DE L'INTÉRIEUR. — Le total des dépenses est de 81.027.215 fr.

— (Chapitre premier). *Traitements et indemnités du Personnel de l'Administration centrale* (1.445.555 fr.). — Des remaniements d'attributions sont désirables. Nous signalons entre autres celui-ci : rattacher les services de la Direction de la Sûreté générale, partie au Cabinet et partie aux autres Directions, selon la nature des attributions de chacun des 4 bureaux. Il en résulterait une économie notable : Directeur à 14.000 ; 3 chefs de bureaux à 8.000, et 4 sous-chefs à 5.500 fr. en moyenne. *Economie : 60.000 fr.*

Quant au reste de l'Administration centrale, il conviendrait de bloquer *les chefs et les sous chefs*, qui réunis, sont au nombre de 57 (et de 50 seulement avec les 7 supprimés ci-dessus) ; puis de remanier les services pour que le chef ne soit plus forcément doublé de 1 ou 2 sous chefs ; et supprimer 20 sous chefs à 5.500 fr. *Economie : 110.000 fr.* — Diminuer 17 *rédacteurs* sur 117, à 3.250. *Economie : 55.250 fr.* — Remplacer les 109 expéditionnaires éparpillés dans les Directions, par un *Bureau central d'expédition* commun à tout le Ministère, et formé de 25 dactylographes, plus 10 autres répartis entre les Directions et le Cabinet, pour la besogne confidentielle. Soit 35 au lieu de 109, c'est-à-dire 74 de moins à 3.150 fr. en moyenne. *Economie : 233.100 fr.* — Supprimer le crédit pour les *Secrétaires des Directeurs. Economie : 6.000 fr.* — Sur les 63 *huissiers, gardiens de bureaux*, etc., en supprimer 15 à 1.850 fr. *Economie : 27.750 fr.* — Sur les 12 *hommes d'équipe* (?) à 1.500 en supprimer 10. *Economie : 1.500 fr.* — *Economie totale sur ce chapitre : 507.100 fr.*

— (Ch. 2). *Matériel, Dépenses diverses de l'Administration centrale.* (227.000 fr.). Crédit trop important et trop élastique. — *Economiser : 60.000 fr.*

— (Ch. 3). *Inspection générale.* (189.500 fr.). Ce service a pris beaucoup d'extension, tout au moins au point de vue budgétaire, et sans une utilité suffisante. Au lieu de 23 Inspecteurs ou Inspectrices, généraux ou adjoints ; laisser seulement : 5 Inspecteurs à 8.500 en moyenne, et 5 adjoints à 3.500 en moyenne (42.500 + 17.500), et ramener les indemnités et frais de tournées, de 49.000 fr. à 25.000. La dépense serait alors de 85.000 fr. au lieu de 189.500. *Economie : 104.500 fr.*

— (Ch. 6). *Traitements et Indemnités des fonctionnaires administratifs des Départements* (5.023.500 fr.). — Economie résultant de la réforme régionale étudiée ci-dessus : *7.240.400 fr.*

— (Ch. 9). *Impressions, abonnements* (39.000 fr.). — *Economiser : 9.000 fr.*

— (Ch. 10 à 12). Les *Journaux officiels* coûtent au total, 1.214.800 fr. Il n'y en a certainement pas de plus mal faits, de plus confus et de plus illisibles en France. En les mettant en adjudication, et en gardant un simple bureau administratif revenant à 20.000 fr., pour servir d'intermédiaire entre l'Etat et l'adjudicataire les gérant commercialement, on *économiserait au moins 800.000 fr.*

— (Ch. 25). *Matériel des Cours d'Appel.* (434.850 fr.). Par suite de la réforme régionale, le nombre des Cours serait réduit de 26 à 20. Le crédit « Matériel » devrait donc être réduit dans la même proportion (16.725 × 6). — *Economie : 100.350 fr.*

— (Ch. 55-56). L'établissement thermal d'Aix-les-Bains devrait être affermé ; il ne coûterait plus à l'Etat 125.000 fr. par an. Il pourrait rapporter, vu son importance, 90.000 fr. au moins. En économisant d'autre part 100.000 fr. sur les crédits des chapitres 55-56, cela ferait une *économie de 190.000 fr.*

Total des économies sur le Ministère de l'Intérieur : 9.011.350 francs.

Budget des Cultes. — Le Budget des Cultes, rattaché à l'Intérieur s'élève à 42.886.553 fr.

— (Chapitres 4, 5 et 8). Ce n'est pas ici le lieu d'examiner les questions de la séparation de l'Eglise et de l'Etat, de la dénonciation du Concordat, et de la suppression du Budget des Cultes. Nous nous en tenons au Concordat pour l'instant. Que dit-il? L'article 58 de la loi du 18 germinal an X (8 avril 1802), dit : « Il y aura en France 10 Archevêchés ou Métropoles et 50 Evêchés. » L'article 64 : « Le traitement des Archevêques sera de 15.000 fr. » L'article 65 : « Le traitement des Evêques sera de 10.000 fr. » L'article 66 : « Les curés seront distribués en deux classes. Le traitement des curés de 1re classe sera porté à 1.500 fr. ; celui des curés de la seconde classe à 1.000 fr.

A ces 10 Archevêchés prévus par le Concordat, il faut ajouter celui de Chambéry, depuis l'annexion de la Savoie ; et à ces 50 Evêchés, les 3 de la Savoie et celui de Nice. Le nombre légal doit donc être : 11 Archevêchés et 54 Evêchés : 65 au total.

Or, il est de 17 Archevêchés, et de 67 Evêchés : 84 au total, nous coûtant 925.000 fr. sur lesquels on déduit 10.000 fr. pour vacances d'emploi. Reste : 915.000 fr.

La stricte observation du Concordat nous coûterait à ce point de vue, 705.000 fr. soit une *Economie de 210.000 fr.*

Les Evêchés vacants

D'autre part, le conflit entre le gouvernement et le St-Siège, pour la nomination des Evêques, et la rebellion générale de l'Episcopat, sont de nature à démontrer qu'il n'est absolument plus possible de trouver pour ces hautes fonctions des titulaires ayant réellement conscience du double caractère de leur situation, qui en fait des fonctionnaires de l'Etat français, et des ministres du Culte catholique. D'où cette conclusion que la meilleure et la plus simple solution du conflit consisterait à ne plus pourvoir aux vacances de sièges épiscopaux, aussi longtemps qu'il le faudrait.

La crise en est à l'état aigu, le St-Siège ayant la prétention de réduire à l'aide d'une formule latine équivoque, le droit formel de *nomination* que le Concordat donne au Gouvernement, à une simple faculté de *présentation*. Cette querelle ne se produit pas pour la première fois en France, quel qu'en soit le prétexte, et sous Louis XIV déjà, 32 Evêchés en 11 ans, demeurèrent sans Evêques investis, faute d'entente avec le Saint-Siège.

De nos jours, si on se résout à ne plus nommer d'Evêques, — ce qui paraît le plus sage, — aucune difficulté n'en résultera, car les lois ont tout prévu en cas de vacance d'un siège épiscopal, au point de vue administratif et temporel, comme au point de vue religieux et spirituel. On va voir comme cela est simple :

— Les *Intérêts administratifs et temporels* d'abord.

Un Evêché constitue en tant que titre ecclésiastique, une personne civile, capable de posséder, d'acquérir, de recevoir des dons et legs avec autorisation du Gouvernement. L'ensemble des revenus de la dotation d'un Evêché s'appelle la *Mense épiscopale*. Et le décret du 6 novembre 1813 a réglé tout ce qui concerne l'Administration de la Mense, soit du vivant de l'Evêque titulaire, soit en cas de vacance après sa mort.

Il prescrit notamment (article 34), qu'au décès de tout Evêque, le Ministre des Cultes nomme un « *Commissaire pour l'administration de la Mense épiscopale*, pendant la vacance », et les articles 36 à 48 tracent minutieusement à ce dernier ses droits et ses devoirs.

Donc, en cas de mort d'un Evêque, l'autorité administrative se conforme à ces dispositions ; elle s'entend avec l'autorité judiciaire. Et le Préfet transmet ensuite au Ministre des Cultes des propositions pour la nomination d'un Commissaire de la Mense épiscopale, qui peut être soit un fonctionnaire, soit un étranger à l'Administration. Le plus souvent c'est le Secrétaire général de la Préfecture. Il peut lui être adjoint pour le seconder, quelqu'un ayant des connaissances spéciales.

La durée des pouvoirs ainsi conférés au Commissaire de la Mense épiscopale, est celle de la vacance elle-même. Aucune autre limite ne lui est assignée. Elle peut donc se prolonger autant qu'il en est besoin.

— En ce qui concerne *les intérêts religieux et spirituels*, tout est prévu également.

En cas de vacance d'un siège, les vicaires généraux ne continuent point leurs fonctions, comme le prescrivaient les articles 36 et 38 de la loi organique — car, sur la demande de l'Église elle-même, ces articles ont été rapportés par un décret du 28 février 1810, aux termes duquel (article 4), pendant les vacances des sièges, il doit être pourvu « conformément aux lois canoniques » au gouvernement des Diocèses. Les Chapitres ont à présenter au Ministre des cultes les vicaires généraux par eux élus, pour que la nomination en soit reconnue par le gouvernement.

C'est donc aux *Lois canoniques* qu'il faut se reporter. Elles disent qu'en cas de mort de l'Évêque, l'Administration spirituelle du Diocèse passe entre les mains du *Chapitre* — c'est-à-dire du corps des Chanoines. Le Chapitre voit ainsi ses pouvoirs latents devenir effectifs. Il exerce son autorité, comme Chapitre, sans délégation de personne. Sauf quelques restrictions, sa juridiction est aussi étendue que celle de l'Évêque. Et, tant que la vacance existe, il dirige le Diocèse, en fait, par le *Vicaire capitulaire* qu'il a nommé.

Il convient d'ajouter, toutefois, par ce temps de chicanes puériles, que, pour les Vicaires capitulaires présentés par les Chapitres, comme pour les Vicaires généraux, choisis par les Évêques, il faut l'agrément préalable du gouvernement. La nomination ne peut être publiée, ni l'investiture donnée, sans cette formalité essentielle.

— Comme l'on voit, l'absence de titulaires, n'entravera en rien la bonne administration des Diocèses. Les Commissaires à la Mense épiscopale pourvoieront au temporel et les Chapitres au spirituel.

Avec les vacances déjà existantes en ce moment, on peut prévoir que leur chiffre total sera de 8 environ, à 10,000 fr. l'une, — ce qui donnera une *Économie de 80 000 fr.*, qui s'augmentera progressivement.

— Sur ces mêmes chapitres 4, 5 et 8 du Budget des Cultes, il faudrait encore examiner ce qui n'est pas concordataire dans les *traitements des curés* (Ch. 5), dont le crédit se monte à 4.421.500 fr. — De même pour les *Allocations aux Desservants et vicaires* (Ch. 8), qui atteignent 30.649.000 fr. En se plaçant au point de vue concordataire, il y a certainement des économies à faire.

D'une façon plus générale, nous constatons que le Budget des Cultes vers le milieu du régime précédent, en 1865, était de 33 millions seulement, au lieu de 42.886.553 qu'il est actuellement. Ne pourrait-on pas le ramener aisément, sans vexation, ni mesures arbitraires, par une plus stricte observation du Concordat (dont le Clergé s'est trop habitué à ne considérer que les avantages, pour laisser de côté les obligations) au chiffre de 38 millions, par exemple ?

Le total des Économies sur le Budget des Cultes serait ainsi d'environ 5.000.000 de fr.

MINISTÈRE DE LA GUERRE. — Total des Dépenses : 711.000.000 de francs.

Tous ceux qui demandent des économies dans le Budget, savent que c'est là, en premier lieu qu'il faut les chercher. Depuis 1871, une fiction patriotique qui a eu sa grandeur et sa raison d'être, mais qui ne l'a plus, a voulu qu'on accorde à l'armée, sans compter, presque sans contrôler, tout ce qu'elle demandait. On a donc pris l'habitude de faire grand, de n'y pas regarder : et l'inconvénient de ce système de dépenses à jet continu est tel aujourd'hui, que tout le monde l'aperçoit.

Dans quelle mesure y peut-on remédier ?

Pour le dire, nous avons un guide sûr et excellent, auquel nous ne saurions mieux faire que d'en référer. C'est le rapport général de M. Antonin Dubost, au Sénat, sur le budget de 1903. Il s'est occupé spécialement du Budget de la Guerre. Et ce document est d'une clarté si parfaite que la lecture en est facile à tout citoyen ; il abonde en vues neuves, en aperçus suggestifs et en observations courageuses. Nous allons en tirer ce qui nous semble utile au point de vue qui nous occupe.

M. Antonin Dubost constate que, si depuis 1871, le Parlement n'a jamais marchandé pour créer un meilleur armement, de plus forts effectifs et des cadres plus abondants, — il n'a jamais songé malheureusement à apporter le même souci pour « assurer le fonctionnement le moins coûteux de cette énorme machine qu'est aujourd'hui notre armée. » En certains cas, cependant, l'on a tenté de réagir, en réduisant les augmentations proposées par le Gouvernement. Mais le budget de la Guerre qui était de 555.934.529 fr. en 1887, n'en était pas moins, seize ans plus tard, en 1902, arrivé à 638.440 070 fr., soit 82 millions 1/2 d'augmentation. Il faut ajouter pour être complets : l'augmentation des pensions, et la quasi-fixité des dépenses dites extraordinaires de la guerre. L'augmentation alors est plus grande. Les dépenses ordinaires jointes aux pensions, se totalisaient en 1887, à 636.228.849 fr. 25 ; elles étaient en 1900, de 742.763 530 fr. 79. En y ajoutant les dépenses pour travaux extraordinaires, on a : 826.044.000 fr.

Pourquoi ne réagissait-on pas ? Tout simplement pour ne pas encourir le reproche d'antipatriotisme ! et tout le monde feignait de considérer comme intangibles les dépenses de la guerre. C'était un tort, une faute grave, et du patriotisme à rebours, car ainsi que le déclarait il y a quelques mois, M. Rouvier, « il ne sert à rien d'avoir une armée forte et bien « aguerrie, des frontières bien fortifiées, si l'on n'a pas un crédit public « inébranlable. Les guerres futures entraîneront, si elles ont lieu, des « dépenses tellement colossales, que le pays le plus fort sera certaine- « nement celui dont le crédit sera le mieux assis. » Et vers la même époque, l'honorable M. Magnin, seul Ministre survivant du Gouvernement de la Défense nationale de 1870-71, adjurait le Sénat de repousser les dépenses militaires par lesquelles le Budget était mis en déficit : « On fait luire à nos yeux, s'écriait-il, des périls imaginaires ; on nous « dit qu'il faut augmenter les crédits de la marine, de la guerre, des « colonies. Si l'on croit prendre ainsi les intérêts de la République, « on se trompe. Nous sommes aussi patriotes que quiconque... Ah ! « Messieurs, est ce parce qu'on ne fera pas quelques canons, alors que « nous avons déjà dépensé en quelques années 476 millions pour l'artille- « rie, que nous devons nous émouvoir ? Le pays ne court aucun risque « si vous savez faire de bonnes finances. »

Evidemment, le moment est venu de s'arrêter dans cette voie.

D'après M. Antonin Dubost, les *augmentations* de l'armée, de 1887 à 1900 se chiffrent ainsi :

96.534.631 fr. 55 d'augmentation de dépenses (chiffres ci-dessus) ;
3.596 officiers en plus (29.010 au lieu de 25.414) ;
75.027 soldats en plus (513.788, au lieu de 438.771) ;
14.141 chevaux en plus (143.798, au lieu de 129.657).

Cela ne peut continuer plus longtemps, toujours.

Les causes d'aggravation des dépenses militaires, encore d'après M. Antonin Dubost, sont :

1o *Nous nous obstinons inutilement à vouloir que nos effectifs militaires égalent ceux des nations voisines les plus peuplées*, et en même temps, nous avons la même prétention aux points de vue maritime et colonial. Rien ne prouve cependant que l'armée la plus nombreuse serait la plus solide en cas de guerre. Le nombre n'est qu'un des multiples éléments de cette force ;

2o *Nous négligeons d'employer les méthodes commerciales et industrielles dans les services militaires qui en comporteraient cependant l'emploi*. Au premier rang de ces services, sont ceux concernant l'acquisition, la manutention, ou la production. La gestion en est honnête, mais peu perfectionnée, peu économique, et non inspirée par les méthodes commerciales modernes. Et cependant la centralisation des unités pour l'entretien des troupes, facilite les marchés. Ce qui gêne tout, ce sont les formalités compliquées, les formules surannées, l'inaptitude professionnelle, et l'abus des frais généraux;

3o *Nous ne déchargeons pas l'Administration militaire de tout ce qui pourrait être convenablement exécuté par le commerce et l'industrie privée*. Car on en est arrivé, avec le système actuel, à ce que l'Etat « assume un rôle écrasant de producteur multiple, qui serait à la fois éleveur de chevaux, métallurgiste, constructeur, négociant en grains, etc. » Par suite, il n'y a plus de concurrence dans les prix, comme cela se produit dans l'industrie privée et le commerce ; et la conséquence fatale est que l'on paye beaucoup plus cher. On s'en rend compte notamment pour la fabrication de l'armement ;

4o *Nous ne fusionnons pas certains services qui pourraient être communs aux Ministères de la Guerre, des Colonies, de la Marine*: habillement, armement, subsistances ;

5o *Nous obéissons à une funeste tendance de considérer le Ministère de la Guerre comme un débouché pour l'écoulement de nos produits nationaux*. Et c'est la cause d'aggravation de dépenses la plus dangereuse et la plus spécieuse. L'on vote par exemple, sous le prétexte de bonifier l'ordinaire des soldats, des achats de vin, de viande, de sucre, des sardines ! L'intérêt général s'efface alors devant quelques intérêts particuliers. C'est du protectionnisme exagéré et coûteux.

D'autres observations doivent être faites encore :

La *complication de la solde*, par des suppléments variés (indemnités, gratifications, allocations), favorise le gaspillage. Ces suppléments se montent à environ 20 millions. Et l'on doit remarquer à ce sujet, qu'il y a de 16 à 1.700 officiers (coûtant de 3 à 4 millions), qui existent illégalement, et que l'on qualifie d'« officiers en surnombre ».

Le *service des subsistances* est très coûteux. Le système de la gestion directe devrait être préféré à celui de l'entreprise, en le pratiquant avec les usages du commerce, — ce qui nécessite une refonte complète de l'administration actuelle. Une cause de dépenses vient encore de la nécessité imposée de n'acquérir que des produits français, même quand la production nationale est insuffisante.

Sur *le service de l'habillement*, en passant les marchés autrement, plus rationnellement, plus commercialement, on ferait de notables économies. Il faudrait unifier et simplifier l'habillement du soldat.

La Remonte, procède, elle aussi, de telle sorte que le prix moyen d'achat d'un cheval étant de 1.360 fr la dépense totale arrive à 3.500 fr. par des majorations diverses, des achats prématurés, etc.

En 1901, le Parlement a voté le principe de la substitution progressive *de la main d'œuvre civile* à la main d'œuvre militaire. Cela est très bien. Mais on risque de tomber dans un mal pire, car la main d'œuvre civile est très onéreuse, et elle crée des fonctionnaires, des pensionnés dont les exigences augmentent. Le remède serait le transfert à l'industrie privée de tous les services qui le comportent. Car actuellement le salaire se transforme en un véritable traitement administratif. Il y a actuellement 15.000 de ces ouvriers civils.

Les *établissements de l'artillerie* coûtent environ 106 millions, sur lesquels des économies seraient réalisables. De même les *Ecoles d'artillerie*, qui font double emploi avec l'Ecole de Versailles : leur suppression paraît prochaine.

L'éparpillement de ces centres de fabrication et de production fait monter les frais généraux à 50 %, et l'on en cite même un, où la proportion est de 254 % (rapport Antonin Dubost, page 91).

L'*achat des matières premières* fournies à l'artillerie est fait à des prix surélevés. Remède : appel plus large à la concurrence.

Les *salaires payés par l'Etat* sont plus chers que dans l'industrie, en raison des avantages accessoires qu'ils entraînent. Remède : recours à l'industrie privée.

Le *prix de revient des objets fabriqués* est plus cher que dans l'industrie privée. Remèdes : simplification des marchés, appel plus large à la concurrence ; et, en résumé : abandon résolu par l'État de cette situation d'industriel pour laquelle il n'est pas fait, si ruineuse pour le Trésor. L'Angleterre et l'Allemagne font ainsi.

Le *service du Génie* coûte 6.166.605 fr. et fait pour 15.753.750 fr. de travaux d'entretien ; il coûte donc 30 %. Les frais généraux sont très élevés, à cause de l'enchevêtrement des services du génie et de l'artillerie, — auxquels s'ajoute encore celui des poudres et salpêtres. Tout cela complique les choses. Remède : fusion des Directions et des États-majors du génie et de l'artillerie, et modification de l'organisation actuelle.

Nos *fortifications* sont trop nombreuses, parce que le plan conçu en 1871, alors que notre armée n'était pas reconstituée, devait forcément prévoir un grand nombre de points d'appui. Actuellement, les conditions sont changées, et, outre que ces nombreuses fortifications coûtent cher d'entretien, elles nécessiteraient l'inutilisation de 600.000 hommes pour leur défense, en cas de guerre.

Les *travaux d'entretien* sont très onéreux (2.658.457 fr. pour les fortifications ; 12.594.720 fr. pour les bâtiments militaires, — soit plus de 15 millions), — parce qu'il y a trop de places fortes qu'il faudrait déclasser au lieu de les entretenir ; la main-d'œuvre locale pourrait suffire pour l'entretien des bâtiments militaires, sans nécessiter un personnel technique. Il faudrait donc un remaniement des chefferies : d'où une économie.

Les *procès* que la guerre engage avec les entrepreneurs, traînent toujours en longueur, parce que pendant ce temps, les intérêts se capitalisent à 5 % pour les entrepreneurs, et que de leur côté les experts y trouvent aussi leur bénéfice. En général, grâce à cette pratique, le capital finit par être doublé ! Voilà un point qui appelle l'attention.

De tout cela, on doit conclure que ce ne sont pas les hommes qui sont en faute, — c'est l'organisme lui-même qui est défectueux, qui ne répond plus aux conditions actuelles, qui fonctionne mal, qui est trop chargé de formalités et pas assez commercial et moderne.

M. Antonin Dubost, dont ce sont là les constatations compétentes et pondérées, évalue les réductions de dépenses qui pourraient résulter des réformes qu'il préconise, et de la substitution à la direction purement administrative, d'une direction industrielle et commerciale, sagement et intelligemment conçue. Ce n'est bien entendu qu'une indication générale. Mais cette évaluation arrive à faire ressortir une économie probable d'une centaine de millions environ. En poussant l'examen un peu plus loin, et en s'inspirant de l'esprit hardiment novateur que nous conseillons pour étudier l'organisation et les dépenses de tous nos Ministères, — il paraît certain qu'on pourrait atteindre un total de *120 millions d'économies*.

Total des Economies pour le Ministère de la Guerre : 120 millions.

MINISTÈRE DE LA MARINE. — Total des dépenses : 306.292.678 fr.

Après le Budget de la Guerre, celui de la Marine doit fournir un chiffre d'énonomies considérables. Mais pour les déterminer avec clairvoyance, il est nécessaire de comprendre d'abord que, le rôle de nos forces navales en France est essentiellement défensif, et qu'elles ne peuvent cependant défendre ni nos côtes, ni nos colonies. Puis encore que dans le cas improbable, mais cependant le plus ordinairement envisagé, d'une guerre avec l'Angleterre, notre flotte ne saurait avoir d'autre objectif utile que de profiter d'une occasion favorable pour opérer un débarquement de troupes de terre dans les îles Britanniques, qui en manqueraient pour nous résister. Enfin, on ne peut pas perdre de vue qu'une guerre de haute mer entre l'Angleterre d'une part, et la France et la Russie de l'autre, serait forcément désastreuse pour nous, quelles que soient la valeur et la bravoure de nos équipages, quoique nous fassions, — étant données la disproportion numérique des unités en présence. L'Angleterre dénuée ou à peu près d'armée de terre, porte tout son effort sur sa marine, et vise à avoir une flotte capable de résister à 3 flottes européennes réunies. Or, dans la guerre navale, le nombre des bâtiments prêts à entrer en ligne peut être considéré comme le principal élément du succès final.

Il n'y a pas d'illusion à se faire sur ces différents points.

Et c'est en partant de là qu'il faut étudier les dépenses formidables faites chaque année pour notre Marine, en examinant si elles sont sagement réglées ou non, utiles ou non, exagérées ou non.

Le vrai patriotisme est non pas celui qui se nourrit d'espérances chimériques, — mais le plus clairvoyant.

Ceci dit, nous allons poursuivre l'examen du Budget de la Marine, en ses diverses parties.

—(Chapitre premier). *Personnel de l'Administration centrale.* — Le sentiment que l'on a, très net, en parcourant le budget de ce Département ministériel est qu'il n'en existe point de plus touffu, de moins clair. Et ce manque de clarté favorise forcément des gaspillages, des dépenses mal réglées. Les rubriques vagues y fourmillent, et les « indemnités » de ceci ou de cela émaillent, pour ainsi dire, tous les chapitres, constituant, le plus souvent, d'inadmissibles suppléments de solde ou de traitements.

Un remaniement d'ensemble du cadre administratif s'imposerait pour permettre un groupement d'attributions plus logique, plus clair et plus économique. On arriverait ainsi à des suppressions d'emplois, qui peuvent s'évaluer de la façon suivante : sur 20 *chefs de bureaux* à 8.500 en moyenne, en retrancher 6. *Economie : 51.000 fr.* — Sur 36 *sous-chefs* à 5.500 fr., en retrancher 10. *Economie : 36.000 fr.* — Sur 61 *rédacteurs principaux, rédacteurs*, à 3.150 en moyenne, en retrancher 11. *Economie : 34.650 fr.* — Sur 30 *commis principaux et commis*, à 2,850, en retrancher 5. *Economie : 14.250 fr.* — Sur les 58.938 fr. d'*employés auxiliaires* (?), *retrancher 30 000 fr.* — *Total des économies sur le chapitre premier : 165.900 francs.*

— (Ch. 2). *Officiers et agents en service à Paris*, (solde et indemnités,) (2.263.500 fr.). Le nombre des officiers et agents en service à Paris est considérable. On pourrait évidemment le diminuer, dans le double but d'immobiliser à Paris le moins d'officiers et d'agents, et d'alléger les dépenses d' « indemnités », que leur séjour nécessite. Cela encore serait une œuvre utile à réaliser par un Ministre réformateur.

Nous nous bornerons à indiquer quelques suppressions qui s'imposent : Au *contrôle technique des constructions navales*, supprimer 1 des ingéniers de 1re classe. *Economie (solde et indemnité) : 6.205 fr.* — Supprimer l'*Inspection générale du commissariat* (fonction récemment créée). *Economie : 17.193 fr.* — Au *Conseil supérieur de santé*, supprimer l'Inspecteur général (grade récemment créé), soit 17.517 fr., — et le remplacer par un Directeur, à 15.000 fr. *Economie : 2.517 fr.* — A la *Commission du règlement d'armement*, supprimer 1 capitaine de frégate. *Economie* (son indemnité) *1.620 fr.* — *Ecole supérieure de la marine*. Création récente, d'une inutilité absolue, et qui n'a rien ajouté aux qualités de notre marine. A supprimer totalement. *Economie* : (les indemnités) *50.843 fr.* — *Economie totale sur le chapitre : 78.378 francs.*

— (Ch. 3). *Matériel de l'Administration centrale*, (279.000 fr.). Crédit élastique. *Des économies* peuvent y être faites, au minimum, *pour 80.000 francs.*

— (Ch. 10 à 11). Sur les chapitres concernant *le personnel technique, le commissariat de la marine, le personnel hospitalier, religieux, administratif*, etc., *la gendarmerie maritime, le personnel civil des écoles et des bibliothèques*, celui *des parquets et des greffes*, de la *surveillance des arsenaux et des prisons maritimes, guetteurs, gardes-consignes*, etc., les *soldes* sont régulièrement bonifiées par les *indemnités* les plus diverses, qui sans aucun doute, favorisent le gaspillage et pourraient disparaître en partie ou recevoir le nom unique de « supplément de solde », de façon à ce qu'un même titulaire ne puisse pas recevoir plusieurs de ces indemnités. De ce chef, *on économiserait certainement 500.000 fr.* sans nuire au service et en accomplissant une réforme de justice et de clarté.

— (Ch. 21). *Transport de personnel, frais de route et de séjour*, missions. (2.047.446 fr.). L'article premier est trop élastique, et mal classé. *Economiser 80.000 francs.*

— (Ch. 23). *Approvisionnements de la flotte ; achats pour l'entretien de la flotte et du service courant.* (12.600.000 fr.). Ce crédit a été diminué de 1.959.053 fr. de 1902 à 1903. *Il peut l'être encore de 1.600.000 francs.*

— (Ch 24). *Achats pour l'entretien et le service courant du matériel flottant et de mobilisation.* (1.737.000 fr.). Crédit trop élevé. *Economiser 237.000 francs*

— (Ch. 25 à 32). *Constructions navales.* — C'est ici que des économies énergiques et considérables s'imposent. On construit trop et sans esprit de suite, sans savoir ni où l'on va, ni où l'on s'arrêtera. A peine un « type » est-il créé, qu'on le déclare insuffisant et que l'on en prend un autre, — toujours plus cher, bien entendu ! Ce système est déplorable, et de nature à discréditer notre flotte aux yeux même de ceux-là qui ont l'honneur de la commander. Il y a là une vérité évidente.

Nul ne conteste qu'il faille rechercher la vitesse dans les constructions neuves. Mais encore faut-il que ce soit utilement, dans une mesure raisonnable. On sait que pour augmenter la « vitesse », il faut d'abord augmenter « la masse ». Mais le sacrifice financier énorme que nécessite cet accroissement de la masse, est le plus souvent disproportionné avec le supplément de vitesse qu'il procure. Autrement dit, il est insensé d'augmenter le prix d'une construction, de plusieurs millions (pour l'accroissement de la masse), pour n'obtenir (théoriquement), que quelques dixièmes de nœud en plus, comme vitesse ! Là est la conception fausse et coûteuse de nos constructions navales, — celle qu'il faut réformer sans tarder.

Il est, du reste, d'autant plus nécessaire de se modérer dans la construction de ces grosses unités dont le prix s'élève parfois à plus de 30 millions l'une, — en présence de l'élément nouveau que constitue l'apparition des sous-marins. Par eux, la face de la guerre navale est changée !

Actuellement, un cuirassé revient à peu près à 2.500.000 fr. la tonne. En général, les nôtres vont à 14 tonnes 500, c'est-à-dire qu'ils atteignent 36.250.000 fr. Le sous-marin du dernier type, au contraire, revient tout armé à 500.000 fr. environ.

Par conséquent, dans les programmes à établir, il faut de toute nécessité, se tracer une ligne de conduite bien définie, s'inspirant de ces règles de sagesse et de ces éléments nouveaux. Car la France doit avoir une marine appropriée au rôle que sa situation continentale lui assigne forcément en cas de conflit. Il est certain que ce serait sur terre et non sur mer que se réglerait le sort des Etats belligérants, de leurs colonies, et des indemnités à en tirer.

L'erreur, dont l'opinion mal éclairée est là complice inconsciente, est de vouloir doter la France, tout à la fois d'une armée comme celle de l'Allemagne, pays dont la population est infiniment supérieure à la nôtre, — et d'une marine comme celle de l'Angleterre, nation dont la défense est et ne peut-être que maritime, de par sa situation géographique et ses traditions.

Un autre abus consiste encore à consacrer des sommes importantes à la réfection de navires qui n'en valent pas la peine, — ce qui est en réalité de l'argent jeté à la mer.

Concluons en disant qu'il faut diminuer progressivement chaque année, en les rendant plus raisonnables, les crédits consacrés aux constructions navales. On reste stupéfait, en constatant que sur un budget de 306 millions, les dépenses pour constructions navales (Ch. 25 à 32) se totalisent au chiffre vraiment fou de 124.866.757 fr. !

Le but est d'arriver *rapidement* et *légalement*, par des voies régulières et transactionnelles, à se dégager de cet engrenage ruineux et à diminuer cette dépense, pour commencer, d'au *moins 35 millions*, de façon à arriver à un budget normal de 250 millions, par cette économie, et les autres précédemment indiquées.

— (Ch. 33-34). *Artillerie* ; *Constructions neuves* (19.528.087). C'est là encore une somme considérable. Mais il n'y faut cependant pas toucher.

Car cette dépense a été engagée d'après un programme sagement [illegible] bien arrêté et bien exécuté.

— (Ch. 46). *Travaux extraordinaires des ports de guerre et des [illegible] d'opération de la flotte* (13.500.000). Sur ce chapitre aussi, un courant d'opinion irraisonné s'est créé.

On ne voit pas cependant l'utilité pratique et réelle de ces ports abris formidables établis dans certaines colonies, sans discernement suffisant, — et qui, en temps de guerre navale, ne pourraient que constituer autant de souricières où nos bateaux (à supposer qu'il y en ait dans ces parages) pourraient peut-être entrer quelques fois, et ne jamais sortir.

La vérité pratique est que les colonies doivent se défendre elles-mêmes et sur terre, en protégeant certains points seulement, par des ouvrages classiques. Comment s'imaginer par exemple que l'Angleterre ou toute autre puissance maritime, puisse nous prendre l'Algérie ? Elle bombarderait des côtes, mais avec nos effectifs algériens, aucun débarquement ne serait possible ; et au cas d'un débarquement opéré par surprise, nous aurions vite raison des envahisseurs. Elle ne pourrait pas davantage nous prendre Madagascar ou le Tonkin, avec sa marine seule ; il lui faudrait en outre des forces de terre, auxquelles les nôtres suffiraient à s'opposer.

Ces ports lointains doivent être surtout bien armés et pourvus d'un « outillage de fortune », c'est-à-dire propre à faire les réparations moyennes, et sans qu'il soit besoin de créer luxueusement de petits arsenaux. Ils doivent en outre comprendre les dépôts de charbon nécessaires.

Donc, ici encore, moins d'emballement sur l'efficacité de ces dépenses coûteuses, sans utilité certaine ; et diminution progressive de ce chapitre. On peut le *diminuer de 5.500.000 fr.*

— (Ch. 51). *Gratifications, secours, subventions et [illegible]* (1.003.000). Chapitre élastique. *Diminuer : 50.000 fr.*

Total des économies pour le Ministère de la Marine : 43.211.278 fr.

MINISTÈRE DE L'INSTRUCTION PUBLIQUE. — Total des dépenses : 216.102.091 fr.

— (Chapitre 1er). *Personnel de l'Administration centrale* (972.560). Le *Cabinet* du Ministre est l'un des plus coûteux, il comprend 20.000 fr. [illegible] et [illegible] indemnités à de 9.300 fr. soit au total 29.300 fr. *Supprimer [illegible]* — Supprimer le poste du *Directeur de la comptabilité* (à 18.000 fr.) créé en 1903, pour remplacer un chef de division à 14.000 fr. [illegible] par un chef de bureau à 10.000 fr. ; *Économie : 8.000 fr.* — Bloquer les [illegible] *sous-chefs de bureau* qui sont 39, et coûtent ensemble 265.250 fr. *Supprimer : 70.000 fr.* — Supprimer *70 rédacteurs*, et bloquer les [illegible] [illegible] en un bureau central d'expédition, avec quelques-uns détachés au cabinet du Ministre et auprès des Directeurs. Sur les 155 rédacteurs expéditionnaires, coûtant 449.600 fr. on *économiserait 125.000 fr.* [illegible] plus. — Les « *rédacteurs hors cadres* », fantaisie spéciale de [illegible], seront supprimés également (*économie : 20.250 fr.*). — Sur [illegible] garçons de bureau, etc., coûtant 76.260 fr. en traitements et indemnités (?) *supprimer 15.000 fr.* — *Total des économies sur ce chapitre : 235.250 fr.*

— (Ch. 2). *Charges, [illegible] [illegible] [illegible] [illegible] [illegible]* [illegible] *salaires et indemnités* (?) [illegible] de service, abonnements, dépenses [illegible], etc. (279.600). [illegible] trop élastique et variée, *supprimer 80.000 francs.*

— (Ch. 5). *Inspection générale et Conseil supérieur* (308.000). *Supprimer 31000 francs.*

— (Ch. 8). *Administration académique* (1.731.300). — *Économie* résultant de la réforme régionale, étudiée d'autre part : *297.750 francs.*

— (Ch. 9). *Administration académique* (matériel) (170.870). — *Économie* résultant de la réforme régionale : *10.000 francs.*

— (Ch. 10). *Personnel de l'Enseignement supérieur* (10.[illegible] fr.). Ne rien toucher à cet état-major, ni à Paris, ni dans les Universités de Province, car il faut conserver intact l'enseignement supérieur [illegible] est donné, et qui constitue le glorieux patrimoine de la France. Ne rien changer aux Universités, Facultés, Écoles supérieures et Observatoires.

— (Ch. 11). *Matériel des Universités, Facultés, etc.* (2.594.[illegible]). Rien à changer.

— (Ch. [illegible]). *[illegible] de l'Enseignement supérieur* (de licence, [illegible]) [illegible] coûtant 488.000 fr. [illegible] bourses de [illegible] 36.000 fr. On [illegible] pousse au mandarinat des diplômes supérieurs [illegible] les hauts grades placés souvent dans des postes ordinaires, [illegible] moins bien et moins consciencieusement que des vieux professeurs qui avaient moins de grands diplômes, mais plus de pédagogie pratique, ce qui est le principal. Marquer la volonté d'arrêter ce mouvement en réalisant sur le crédit de 488.000 fr., une *économie de 25.000 francs.*

— (Ch. [illegible]). *[illegible] généraux de l'Instruction secondaire* ([illegible]) [illegible] deux Inspecteurs généraux de l'Économat des Lycées et Collèges coûtant ensemble 26.000 fr., y compris leurs frais de tournées. [illegible] serait assuré aussi bien d'une façon plus immédiate et [illegible] par le Trésorier [illegible] ou son délégué. Donc [illegible] *[illegible] francs.*

— (Ch. 62). *Lycées nationaux de garçons* (9.206.860). La subvention aux lycées des départements pour indemnités dues aux fonctionnaires agrégés ou admissibles à l'agrégation des lycées s'élève à 658.000 fr. Même observation que ci-dessus, au Chapitre 61. Les professeurs les plus gradés sont loin d'être les meilleurs. Donc il faut arriver [illegible] progressivement [illegible] le nombre [illegible] indemnités correspondantes [illegible] toucher aux droits acquis, mais en arrivant le plus vite [illegible] première *réduction de 60.000 francs.*

D'autre part, les Lycées faisant des recettes insuffisantes, [illegible] somme totale de 8.391.860 fr., ce qui est extraordinaire, il [illegible] il n'est pas possible de ne pas réduire rapidement [illegible] des économies, diminutions de chaires, meilleure utilisation de l'emploi des professeurs dont certains n'ont pas suffisamment [illegible]. Pour un premier exercice, on doit *réduire cette perte de 300.000 francs.*

— (Ch. [illegible]). *Compléments de traitement [illegible] lycées de garçons* ([illegible]) [illegible]. Mêmes observations [illegible] [illegible] emplois, [illegible] doubles emplois [illegible] [illegible] il convient de réaliser progressivement [illegible] par des remaniements raisonnables des [illegible] suppression. Arriver à une diminution [illegible] Pour un premier exercice, *économiser 50.000 fr.*

— (Ch. 64). *Subventions aux villes pour l'entretien de leurs collèges communaux*. (3.464 000). Dans les collèges, il y a du choix. La plupart sont excellents, ont un personnel enseignant modeste mais pratique et très dévoué à ses devoirs. Ils rendent de grands services aux familles, et ont des prix plus abordables que les lycées. Mais certains aussi sont inutiles. Par la suppression de ceux-ci, qui ne léserait aucun intérêt réel, on diminuerait la subvention du chapitre 64, aisément de 2 et même de 300.000 fr. *Mettons 200.000 fr*.

— (Ch. 65). *Compléments de traitements des fonctionnaires et professeurs des collèges communaux de garçons* (1.445 000 fr.). Comme conséquence de la modification demandée au chapitre précédent, il y aurait ici une économie correspondante à accomplir. *Approximativement: 50.000 fr*.

— (Ch. 66). *Frais généraux des collèges communaux de garçons* (153.000 fr.). Comme conséquence des économies demandées aux chapitres 64 et 65, *économiser 12 000 fr*.

— (Ch. 69 à 72). *Lycées et collèges de jeunes filles* (1.246.400 fr.). Peut-être y a-t il eu des créations inutiles. Mais cet enseignement est de date récente; son utilité s'accentue avec les mesures prises vis-à-vis des congrégations enseignantes. Donc, ne pas toucher à ce crédit. Tout cela se tassera, se réformera petit à petit.

— (Ch. 73). *Bourses nationales et dégrèvements dans les Lycées et collèges* (2.778 000 fr.). — Dans une démocratie, il est bon de multiplier les bourses, afin de permettre aux capacités de s'élever et de se produire d'où qu'elles surgissent. Mais tous les boursiers ne sont pas de futurs savants; beaucoup sont même très ordinaires, et on leur rendrait service en les laissant à un rang social plus modeste, où ils trouveraient dans le commerce, les colonies, l'agriculture, l'industrie, un emploi plus judicieux de leur facultés. Il y a là superfétation et abus : abus qui a poussé indirectement à la dépopulation des campagnes et à l'accroissement du fonctionnarisme. Il importe de réagir courageusement. *Supprimer d'abord 160.000 fr*.

— (Ch 74). *Exemptions des frais d'externat accordées dans les lycées et collèges de garçons et de jeunes filles, aux enfants des fonctionnaires de l'enseignement secondaire* (1.280.000 fr.). L'idée de ces exemptions est démocratique et bonne. Mais en devenant une sorte de *droit*, au lieu d'une *récompense* donnée au mérite et aux aptitudes constatées, il s'est produit ce que nous signalions pour les bourses ; c'est le même inconvénient. Et ces coûteuses faveurs n'aident naturellement pas à combler l'insuffisance des recettes des lycées et collèges qui, on l'a vu, est formidable. Donc, il faut réagir, prendre certaines mesures, ne plus faire de cette exemption un *droit*, mais ne la concéder que sous des conditions précises, après examen, ou en raison de la situation particulièrement digne d'intérêt de la famille. De cette façon, le crédit sera rapidement réduit à 800.000 ou 1 million. Commencer par une *économie de 100.000 fr*.

— (Ch. 78). *Enseignement primaire. Inspecteurs, Inspectrices générales et départementales des Ecoles maternelles* (2.344.150 fr.). Il y a actuellement *421 Inspecteurs primaires* et une Inspectrice primaire dans les Départements, à 5.000, — 4.500, — 4.000, — 3.500 et 3.000; soit 4.000 fr. en moyenne. Avec la réforme régionale étudiée d'autre part, il y aurait au moins 2 Inspecteurs près de chaque Préfet et de chaque Sous-préfet, c'est-à-dire par chaque département actuel, soit (sans Belfort ni la Seine), 85 × 2, soit 170. On en ajouterait 100 autres, répartis selon les besoins du service, les difficultés de communications, etc., soit en tout 270.

Ils seraient répartis en 3 classes seulement : 120 à 3.600; 100 à 4.200, et 50 à 5.200, soit 4.400 en moyenne); au total avec les traitements relevés : 1.112.000 au lieu de 1.654.000 fr. *Economie : 542.500 fr.* — De même, *les frais de tournées* et indemnités de déplacement de ces fonctionnaires, se montant à 520.650 fr., pourraient aisément être réduits de 120.000 fr., étant donnés le relèvement des traitements, et l'abaissement du nombre des Inspecteurs, de 421 à 270. *Economie : 120.000 fr.* — *Les Indemnités aux fonctionnaires de l'enseignement primaire pourvus du titre d'agrégé* constituent un crédit inutile. Pourquoi les pousser à ces hauts diplômes? Supprimer le crédit, dès que cela sera possible, par extinction. *Economie : 1.000 fr.* — Le traitement et les frais de tournées d'un *Inspecteur général pour l'Economat des Ecoles normales* et des Ecoles nationales professionnelles, doivent disparaître avec cette fonction superflue. Comme nous l'avons dit à propos de l'Economat des Lycées, confier ce contrôle au Trésorier général ou à son délégué. *Economie : 13.000 fr.* — *Economie totale sur le chapitre : 676.500 fr.*

— (Ch. 83). *Ecoles normales primaires* d'Instituteurs et d'Institutrices, personnel (3.874.000 fr.). *Economie* résultant de la réforme régionale : *1.774.000 fr.*

— Ch. 84). *Ecoles normales*, matériel (4.445.000 fr.). *Economie* résultant de la réforme régionale : *600.000 fr.*

— (Ch. 100). *Service des constructions scolaires*, (Enseignement secondaire) (2.511.000 fr.). Ce chapitre paraît fort important, et assez élastique. On peut certainement économiser sur les dépenses d'examen des projets et de contrôle des dépenses; sur les subventions pour participation de l'État à la construction, restauration, etc. des établissements d'enseignement secondaire. *Economiser : 200.000 fr.*

Total des Economies pour le Ministère de l'Instruction publique : 5.034.500 francs.

Administration des Beaux-Arts. — Les dépenses s'élèvent à 14.342.158 francs.

— (Chapitre premier). *Administration centrale*, personnel, (312.750). Bloquer les 7 *chefs* et les 7 *sous-chefs* qui coûtent ensemble 96.250, et diminuer 5 *sous-chefs* au moins à 5.250 l'un. *Economie : 26.250 fr.* — Créer un bureau central d'expédition, et réaliser sur le crédit des *rédacteurs et expéditionnaires*, qui s'élève à 164.950 fr., une *économie de 40.000 fr.* — Sur les *huissiers et gens de service* qui coûtent, avec leurs indemnités, 31.550 fr., *économiser 5.000 fr.* — *Total des économies sur le chapitre premier : 71.250 francs.*

— (Ch. 2). *Matériel de l'Administration centrale* (51.000 fr.). Chapitre élastique, où l'on retrouve entre autres, une seconde rubrique « salaires des gens de services », figurant déjà au chapitre premier. — *Economiser 10.000 francs.*

— (Ch. 3). *Personnel des Inspecteurs et des services extérieurs des Beaux-Arts* (101.800 fr.). Réorganiser ce service sur une base plus étroite, et *économiser 20.000 francs.*

— (Ch. 4). *Personnel de l'Enseignement du dessin et des Musées* (42.000 fr). — *Economiser 8.000 francs.*

— (Ch. 5). *Frais divers des Inspecteurs et frais de missions* (29.000 fr.) Chapitre élastique. — *Economiser : 5.000 francs.*

[illegible] *Musées nationaux* [illegible] 471 [illegible] [illegible]

[illegible]

[illegible] 300 000 [illegible] 200 000 [illegible]
[illegible] 240 000 [illegible] 200 000 [illegible]
Opéra-Comique [illegible] 300 000 [illegible] 250 000 [illegible]
Odéon [illegible] 100 000 [illegible] 80 000 [illegible]

[illegible] Soit au total [illegible]

— (Ch. 33). *Mobilier national*, personnel (611 540 fr.). Réaliser des économies [illegible] que le haut personnel, et souvent le petit, ont des indemnités accessoires, logement, habillement, gratifications, pourboires [illegible] *Économiser 30 000 francs.*

— (Ch. 51). *Personnel des Conservatoires* [illegible] 700 fr.). Il y a dans l'emploi de ce crédit [illegible] se laisse vivre doucement et sans travail réel. *Économiser* [illegible]

— (Chap. 58). *Administration du Garde-meubles* (247 000 fr.). Il [illegible] qui douteux que, s'il s'agissait d'une entreprise commerciale, elle coûterait moitié, sinon les 2/3 de moins. *Diminuer 50 000 francs.*

Total des Économies pour les Beaux-Arts : 409 250 francs.

[illegible] DU COMMERCE ET DE L'INDUSTRIE. — [illegible] (compris les Postes et Télégraphes) : 49 976 [illegible]

[illegible] Ministère Gambetta, les services des Travaux publics, de l'Agriculture et du Commerce, réunis [illegible] formaient un [illegible] Ministère. Peut-être, né tardivement, le Ministère du Commerce [illegible] de suite dans la tradition bureaucratique [illegible] même avoir voulu rattraper le temps perdu. C'est ainsi qu'[illegible] major proportionnellement plus fort que dans les autres [illegible] par comparaison avec le nombre des employés [illegible] Cabinet [illegible] 37 chefs pour 38 employés [illegible] accompli [illegible] convient [illegible] les services de façon à faire les suppressions que [illegible]

[illegible] *Personnel de l'administration* [illegible] 7 500 en moyenne [illegible] 11 000 fr. en moyenne [illegible] de bureau à 8 000 en moyenne [illegible] 000 et 6 sous-chefs [illegible]

[illegible]

— (Ch. 3). *Matériel et dépenses diverses* (93.400). *Economiser* [illegible]0.000 *fr.*

— (Ch. 4) *Achat de livres, abonnements* (20.000 fr.). *Economiser* [illegible].000 *fr.*

— (Ch. 5). *Impressions* (25.500 fr.). *Economiser* : 5.500 *fr.*

— (Ch. 6 et 7). *Conservatoire des Arts et Métiers* (1.068.584 fr.). *Economiser* : 25.000 *fr.*

— (Ch. 17). *Inspection de l'Enseignement industriel et commercial* (59.000 fr.). Supprimer des inspecteurs, et économiser sur le reste. *Economiser* : 50.000 *fr.*

— (Ch. 18). *Jetons de présence du Comité des arts et manufactures* (22.000 fr.). A *supprimer* : 22.000 *fr.*

— (Ch. 20). *Jetons de présence du Conseil supérieur du Travail* (7.000 fr.). A *supprimer* : 7.000 *fr.*

— (Ch. 21). *Inspection du travail dans l'industrie* (735.500 fr.). *Supprimer* : 50.000 *fr.*

— (Ch. 22). *Poids et mesures* (1.090.000 fr.). *Supprimer* : 50.000 *fr.*

— (Ch. 31). *Frais de surveillance de Sociétés et établissements divers* (230.500 fr.). *Economiser* : 30.500 *fr.*

— (Ch. 32). *Rédaction du Moniteur du Commerce ; impressions de la Direction du Commerce et de l'industrie* (38.500 fr.). *Supprimer* : 8.500 *fr.*

— (Ch. 34). *Subventions, missions, expositions* (110.000 fr.). [illegible] article 4, intitulé, « dépenses diverses ». *A supprimer* : [illegible]

— (Ch. 47). *Office du Travail et statistique générale* (95.[illegible] fr.). *Supprimer* : 10.000 *fr.*

Total des économies pour le Ministère du Commerce (sans les Postes) : 458.300 fr.

POSTES ET TÉLÉGRAPHES. — Les Dépenses se montent à 220.799.336 fr.

Enregistrons tout d'abord, l'économie résultant de la *réforme* [illegible] étudiée d'autre part, et qui se monte à *1.002.000 fr.*

— (Chapitre premier). — *Personnel de l'Administration centrale* (2.264.773 *fr.*). — Au *Cabinet du Sous-Secrétaire d'Etat*, qui coûte 16.000 fr., *supprimer* 6.000 *fr.*, et faire disparaître aussi le cumul des fonctionnaires de l'Administration centrale qui y sont détachés, [illegible] vement de leurs bureaux : ils sont utiles dans un poste ou dans un autre, mais dans un seulement. *Economie*, 6.000 *fr.* — Bloquer les [illegible] *de bureaux* et les 35 sous-chefs, et diminuer 10 sous-chefs à 5.500 fr. en moyenne. *Economie*, 55.000 *fr.* — Sur 269 *rédacteurs* à 3.200 fr. en moyenne, en supprimer 20. *Economie*, 64.000 *fr.* — Bloquer [illegible] *expéditionnaires*, et créer un bureau central d'expédition, permettant 28 suppressions à 2.000 fr. *Economie*, 56.000 *fr.* — Sur les [illegible] *employés*, en supprimer 20 à 1.600 fr. *Economie*, 32.000 *fr.* — Sur les [illegible] *commis de bureaux*, en supprimer 20 à 1.750 fr. *Economie*, [illegible]

— Sur les 32.000 fr. pour *travaux extraordinaires*, qui sont des suppléments de solde déguisés, *supprimer* 10.000 *fr.* — De même pour les *indemnités diverses de récompenses* (21.000 fr.) qui ont le même [illegible]

Supprimer 10.000 fr. — *Economie totale sur ce chapitre : 268.000 fr.*

— (Ch. 2). *Matériel de l'Administration centrale* (302.000 fr.). — *Economies, 20.000 fr.*

— (Ch. 5). *Personnel* (agents). (62.170.214 fr.). Supprimer totalement les *Inspecteurs généraux*, qui font double emploi avec les Inspecteurs départementaux. *Economie 75.900 fr.* — Supprimer entièrement l'*Ecole supérieure*, qui n'a présentement aucune utilité, en raison du grand nombre, (plus de 200) d'élèves brevetés à pourvoir et ne trouvant pas d'emplois. *Economie, 71.650 fr.* — Au *Dépôt du matériel*, supprimer un ingénieur en chef de première classe à 10.000 fr., la direction du service passant à l'ingénieur principal qui y est déjà. *Economie, 10.000 fr.* Au *service des ateliers*, même suppression de l'ingénieur en chef à *10.000 fr.* — Aux *Services électriques*, état-major trop nombreux, suppression de 3 ingénieurs sur 9, à 8.000 fr. l'un, *soit 24.000 fr.* — Au *Contrôle des Installations électriques*, supprimer 6 ingénieurs sur 18, à 7.000 fr. l'un, *soit 42.000* fr. — *Total des économies du chapitre 5, 233.550 fr.*

— (Ch. 6). *Personnel* (sous-agents), (50.433.966 fr.). A l'*Inspection générale* et à l'*Ecole supérieure*, suppression ci-dessus, pareille pour les sous-agents. — *Economie, 8.700 fr.*

— (Ch. 10). *Matériel des Bureaux* (10.112.049 fr.). *Retrancher 100 000 fr.*

— (Ch. 11). *Impressions et publications* (2.472.169 fr) *Retrancher 50.000 fr.*

— (Ch. 12). *Transport de dépêches postales* (14.673.730 fr.). *Retrancher 100.000 fr.*

— (Ch. 13). *Matériel pour l'installation des appareils et établissement des lignes télégraphiques et téléphoniques* (7.145.788). *Retrancher 100.000 fr.*

— (Ch. 14). *Entretien des appareils et des lignes* (4.468.403). *Retrancher 50.000 fr.*

— (Ch. 15). *Salaires des ouvriers, indemnités, déplacements*, (6 871.668). *Retrancher 20.000 fr.*

— (Ch. 16). *Dépenses diverses* (2.472.122). *Retrancher 20.000 fr.*

Total des Economies sur le Budget des Postes et Télégraphes : 1.972 250 fr.

MINISTÈRE DES COLONIES. — Total des dépenses : 112.546.832 fr. Le Budget des Colonies a subi pour 1903 sur celui de 1902, une diminution de 3.213.715. On s'efforce donc de réduire les dépenses ; mais il y a encore beaucoup à faire. Et la Chambre après la Commission du Budget, a manifesté le désir de voir réorganiser l'administration centrale. Ce désir est justifié comme on va le voir.

— (Chapitre 1er). *Personnel de l'Administration centrale* (806.058 fr.). Il y a en effet, de nombreux abus, que dans un rapport d'une compétence remarquable, M. Bienvenu Martin, a signalés.

D'abord, la proportion fixée par le décret organique du 23 mai 1896, entre les diverses classes pour les sous-chefs de bureau, n'est pas établie : des promotions excessives ont été faites. — De toutes façons, il y a d'ailleurs beaucoup trop d'employés, et un état-major trop nombreux. En bloquant les *8 chefs et 14 sous-chefs* coûtant ensemble 141.000 fr. on peut supprimer 6 sous-chefs, à 5.500 en moyenne. *Economie 33.000 fr.*

En second lieu, et pour tourner l'obstacle que créaient les crédits budgétaires ne permettant pas de rétribuer plus de 61 rédacteurs (sur 70 autorisés par ledit décret), on a pris un autre décret (21 juin 1898), permettant de faire des emprunts aux services extérieurs, — et on en a de suite abusé. Le chiffre des fonctionnaires ainsi détachés dépasse même celui fixé par ce décret fâcheux de 1898. C'est une irrégularité flagrante et coûteuse, que signale également M. Bienvenu Martin. Il y a aussi 68 *rédacteurs* de 3 sortes, au traitement moyen de 3.350 fr.; on en peut supprimer facilement 15. *Economie : 51.250 fr.*

Il y a abus également pour les *expéditionnaires*, au nombre de 35, auxquels on a éprouvé le besoin d'ajouter 30 auxiliaires à 4 et 5 fr. par jour ! Cela doit disparaître. En appliquant le système du bureau central d'expédition par des dactylographes, on peut économiser la totalité du crédit affecté au 30 auxiliaires, *soit 45 000 fr.*

Les tendances à augmenter sans cesse les dépenses s'étaient affirmées cette année encore : le gouvernement voulait créer une « section d'études » attachée au Comité consultatif chargé d'étudier les questions relatives à la défense des Colonies. La dépense eût été de 40.521 fr. La Commission du budget a refusé. Il y a du reste un Comité technique militaire, et un bureau militaire, qui, réunis, coûtent 81.558 fr. Cela doit suffire.

Le personnel des gens de services est représenté par 36 personnes, et coûte 54.000 fr. C'est excessif. *Retrancher 10 000 fr.* — *Total des économies sur ce chapitre : 139.250 francs.*

— (Ch. 2). *Matériel de l'Administration centrale* (171.500 fr.). On peut d'autant mieux faire cette dernière économie qu'au chapitre 2, on trouve encore une somme de 23.000 fr. pour « salaires des journaliers », chargés sans doute de faire la besogne des précédents. Ce chapitre renferme encore un crédit de 11.850 fr. pour indemnites diverses et gratifications, venant s'ajouter à celles du chapitre précédent ; puis d'autres articles excessifs ou élastiques, par exemple, 50.000 fr. de chauffage et éclairage. On peut sur ce chapitre *économiser 50.000 francs.*

— (Ch. 3). *Frais d'impressions, publications* (132.400 fr.). L'abus n'est pas moins flagrant pour le chapitre 3, surtout si on en compare le chiffre à ceux analogues des autres Ministères. *Rogner 12.000 francs.*

— Ch. 4). *Frais de service télégraphique* (150.000 fr.). Les bureaux abusent des cablogrammes. On peut *rogner 20 000 francs.*

— (Ch. 5). *Service central des marchés* (119.274 fr.). Il s'agit là du personnel chargé des achats faits en France, pour les approvisionnements des colonies. La méthode est mauvaise ; il faut substituer dans la plus large mesure possible aux achats faits en France, les approvisionnements sur place. L'économie sera notable, puisque ces achats nécessitent déjà des frais généraux si élevés. En réduisant les achats, on diminuera les frais. *Economiser 20.000 francs.*

— (Ch. 7). *Inspection des Colonies* (303.100 fr.). Il y a 19 Inspecteurs généraux et Inspecteurs, qui, avec leurs frais de déplacement coûtent 303.100 fr. Ce service est fort utile ; mais on pourrait aller plus loin dans la voie où l'on est entré, et qui consiste à inviter les Colonies à inscrire dans leur Budget, des crédits pour ces visites d'inspection. L'Indo-Chine a commencé avec un crédit de 25.000 fr. Madagascar et l'Afrique occidentale vont suivre ; rien n'empêcherait de rendre ces dépenses obligatoires pour toutes les colonies où cela est possible, — car c'est de leur [illegible] de leur prospérité qu'il s'agit. On pourrait ainsi accroître [illegible] inspection et diminuer le crédit progressivement, mais [illegible] *100 000 francs*.

(Ch. 10). *Dépenses civiles à la charge de l'État* ([illegible]00 fr.). Le [illegible] a fait remarquer avec raison que « les frais de premier établissement des gouverneurs » pourraient comme leur solde et leurs frais de représentation, être mis à la charge des Colonies. Ces frais sont d'ailleurs [illegible], car les Gouverneurs trouvent à présent partout des « hôtels du Gouvernement » meublés et agencés, bien installés. Ces frais (réglés par un décret de 1897) ne correspondent donc plus à rien.

Il y a un autre abus dans la facilité avec laquelle on met des Gouverneurs dans la position coûteuse de « disponibilité ». Ce ne devrait être qu'une exception absolue. Il convient d'établir des cadres fixes ne permettant plus des fantaisies, et limitant les vacances réelles. Avec la [illegible] (ou la suppression) des frais de premier établissement [illegible] mises en disponibilité, on peut *réduire 25 000 francs*.

(Ch. 1[illegible]). *Missions scientifiques et commerciales dans les Colonies* ([illegible] fr.). Des incorrections et des abus se commettent dans la répartition de ce crédit réservé aux Missions et aux Colonies. Le rapporteur [illegible] une allocation donnée à l'Observatoire de Montsouris, à Paris ! En ces temps derniers l'on nommait un ancien député (de l'opposition) qui [illegible] de ces prétendues missions coloniales, et l'accomplissait [illegible] Paris. [illegible] *20 000 fr.*

(Ch. 17). *Émigration de travailleurs aux Colonies* (90 000 fr.). L'emploi de ces fonds est fait peu judicieusement : soit qu'on les donne à des [illegible] insuffisamment dignes, soit qu'on attribue des frais de passage [illegible] à ceux qui n'en ont pas besoin. On manque [illegible] sur ce que deviennent en fait les familles qu'on [illegible]. Il faudrait plus de discernement. *Réduire 10 000 fr.*

(Ch. 19 à 38). *Subventions de la Métropole aux Colonies*. La Métropole [illegible] à ses colonies des subventions presque toutes sans affectation spéciale pour les aider à payer les dépenses ordinaires [illegible] l'article 33 de la loi de finances de 1900. C'est [illegible] diminuer progressivement la charge que les Colonies constituent pour la Métropole. Elles devraient, sauf quelques [illegible], suffire à solder leurs dépenses ordinaires, normales. Par ce moyen seul, elles veilleront elles-mêmes à ne plus tolérer les dépenses inutiles, le surcroît de fonctionnaires, le gaspillage.

[illegible] de nombreux abus dans le calcul des dépenses obligatoires [illegible] dans les traitements, les indemnités, les frais de [illegible] de voyage du personnel, la répartition des Tribunaux, où [illegible] qui n'ont rien à faire. Quand les Colonies paieront, elles [illegible] des économies.

[illegible] d'énormes sur l'Administration, l'organisation [illegible] l'enseignement, les subventions à l'Instruction publique [illegible] financières, les frais accessoires des gouvernements [illegible] Arriver à mettre la plupart de ces dépenses [illegible] des Colonies, que dans ces dernières [illegible] moins chargés que celles de la Métropole.

[illegible] ces subventions allouées à [illegible] colonies [illegible] Budget des Colonies au chapitre 19 à 38 [illegible] 7 0[illegible]7 500 fr. On peut [illegible]

(Ch. 34 à 35). *Dépenses militaires de la Métropole pour les Colonies* [illegible]

[illegible] (93 [illegible] fr.), dépenses qui absorbent presque les 5/6 du Budget des Colonies. Cette dépense est vraiment énorme pour la Métropole. Il faut l'alléger [illegible], notamment par une plus large contribution des colonies elles-mêmes à ces dépenses, — par la modification des méthodes employées jusqu'ici pour les subsistances, et d'après lesquelles les vivres, achetés en Europe, sont expédiés à des prix fous de transport, dans des colonies où ils s'entassent dans des magasins, quand ils y arrivent [illegible] avariés. Procédé qui constitue le plus bel élément de gaspillage, et qui compromet la santé des hommes. Puisque partout les colonies ont fourni les approvisionnements voulus aux troupes qui préfèrent beaucoup ce système.

[illegible] effectifs eux-mêmes, les frais accessoires, les indemnités variées, les transports, l'éclairage (328.000 fr.), le matériel et les travaux, etc., devraient être plus strictement réglés. Sur ces 93 millions, *économie* [illegible] *10 millions.*

— (Ch. 56-59). *Administration pénitentiaire* (8.237.960 fr.). Le rapporteur a indiqué dans son rapport les moyens de rendre cette catégorie de dépenses moins élevée : meilleur emploi des crédits ; ne pas éparpiller, comme actuellement, les établissements pénitentiaires, les grouper au contraire, ce qui facilite la surveillance et la diminution des frais généraux ; suppression des envois de condamnés en Nouvelle-Calédonie ; concentration sur le territoire du Maroni, de la population pénitentiaire de la Guyane ; meilleur parti à tirer de la main-d'œuvre des condamnés ; plus juste proportion entre le nombre des condamnés et celui des agents préposés à leur garde, etc. Il faut réduire considérablement et progressivement ces dépenses. Rapidement, on doit arriver, par un ensemble de mesures et de réformes, à *économiser 1.200.000 fr.*

Total des économies pour le Ministère des Colonies : 18.[illegible] francs.

MINISTÈRE DE L'AGRICULTURE. — Total des dépenses : [illegible]097.536 fr. Ce Budget se distingue par le vague et l'élasticité des titres des chapitres, la multiplicité des indemnités avouées ou déguisées.

— Chapitre 1er. *Personnel de l'Administration centrale* (912.100 fr.). Supprimer *1 Directeur* sur 5 (celui du Secrétariat et de la Comptabilité). *Économie 13.500 fr.* — Supprimer 1 *Sous-directeur* des forêts [illegible] et les Administrateurs [illegible] *Économie* [illegible] — [illegible] les 8 *Chefs de bureau* et les 12 *sous-chefs*. Supprimer 2 chefs de bureau à 8.000 et 6 sous-chefs à 5.000 fr. *Économie 46.000 fr.* — Sur [illegible] [illegible], en supprimer 8 à 3.350 fr. *Économie 26.800 fr.* — [illegible] *commis et expéditionnaires*, et créer un bureau central d'expédition [illegible] permet de supprimer 30 expéditionnaires à 2.910 fr. *Économie* [illegible] *000 fr.* — Supprimer tous les *employés auxiliaires*, rien ne justifie [illegible] emplois, et ce genre de fonctions permettant tous les gaspillages. *Économie 48.000 fr.* — Sur les 15.000 fr. de travaux supplémentaires, [illegible] *5.000 fr.* — Sur les 80 [illegible] [illegible] *Économie* [illegible] *383 fr.* — *Économie totale sur le chapitre* [illegible] *fr.*

— (Ch. 2). *Matériel et dépenses diverses de l'Administration centrale* [illegible] (400.000 fr.). Beaucoup trop élevé. Sur le chauffage ([illegible] fr.), supprimer [illegible] *000.* — Sur l'éclairage (12.000), supprimer [illegible] [illegible] (gaziers, lampistes, chauffeurs) (8.000 fr.) [illegible] *000 fr.* — Supprimer de même [illegible] 1.100 fr. [illegible] des 2 crédits qui suivent pour l'entretien de l'hôtel, etc. *Economie : 4.100 fr.* — Supprimer totalement le crédit des *hommes de peine auxiliaires*, 8 000 fr. — *L'entretien du mobilier* des bureaux et de l'hôtel peut voir supprimer son crédit entier, *soit 5.500 fr.* Car le crédit suivant de 12.000 fr. est amplement suffisant, surtout pour un Ministère à peu près neuf ; et même sur ce crédit de 12.000 fr. pour entretien des bâtiments, on peut *retrancher 2,000 fr.* — Sur le crédit vague et élastique « frais d'emballages » qui est de 6.200 fr., *retrancher 3.200 fr.* — Sur cet autre crédit trop élastique « affranchissements, voitures, ports de colis, indemnités, etc. » (13.200), *retrancher 5.200 fr.* — *Economie totale sur le chapitre : 43 000 fr*

— (Ch. 3). *Impressions, souscriptions, publications*, etc., (235.000 fr.). La proportion est plus forte de beaucoup que dans les autres Ministères *Retrancher 100.000 fr.*

— (Ch. 36). *Personnel de l'hydraulique agricole* (356.000 fr.) Ce chapitre comprend trop de rubriques vagues. *Supprimer 56.000 fr.*

— (Ch. 38) *Etudes et travaux hydrauliques agricoles* (873.600 fr.). Chapitre aussi vague que nombre d'autres déjà signalés ; parmi ces rubriques il y en a une « dépenses diverses » qui absorbe 66.500 fr. *Retrancher 50.000 fr.*

— (Ch. 44). *Secours aux agriculteurs pour calamités agricoles et subventions aux sociétés d'assurances mutuelles agricoles contre la grêle et la mortalité du bétail* (2.450.000 fr.). Ce crédit se divise en 1 950.000 de secours, et en 500 000 fr. de subventions. Tout le monde sait qu'en cas de sinistre, la répartition de ces sommes devient forcément dérisoire et n'est d'aucune utilité. Il n'y a donc pas d'inconvénients à *supprimer 500.000 fr.* D'autant plus que ces crédits là alimentent surtout la surenchère électorale.

— (Ch. 47). *Personnel des Forêts* (2.505.000 fr.). Sur 82 conservateurs, à 10.000 en moyenne, en supprimer 10, *soit 100.000 fr.*

— (Ch. 50). *Indemnités et secours au personnel* (734.000 fr.). Trop de rubriques élastiques ou faisant double emploi, ou prêtant à l'arbitraire (indemnités, logement, etc.). On peut *rogner 150.000 fr.*

— (Ch. 59). *Droits d'usage, matériel, dépenses diverses*. (256.000 fr.). Encore un chapitre à rubriques vagues. *Retrancher 56 000 fr.*

Total pour le Ministère de l'agriculture : 1.311.633 fr.

MINISTÈRE DES TRAVAUX PUBLICS. — Les dépenses ordinaires et extraordinaires s'élèvent à 245.218.310 fr.

— (Chapitre premier). *Personnel de l'Administration centrale* (1.387.300 fr.) Conformément au principe posé au début de cette étude, supprimer *les 8 Chefs de division* à 13.000 fr. en moyenne, et qui coûtent 108.000 fr. Mais en remplacer un par un Sous-Directeur à 13.000 fr. *Economie : 95.000 fr.* — Bloquer *les 23 Chefs et les 26 Sous-Chefs* ; supprimer 4 Chefs de bureaux à 8.500 fr., et 18 Sous Chefs à 5 500 fr. *Economie : 133.000 fr.* — Sur *157 rédacteurs et expéditionnaires* à 3.150 fr. en moyenne, en supprimer 30, *soit 94.500 fr.*, notamment par la création d'un bureau central d'expédition. — Supprimer les 2 *Commissaires de surveillance administrative, soit 8 400 fr.* — Et sur les 27.000 fr. de *travaux supplémentaires, supprimer 7.000 fr.* — *Economie totale sur le chapitre : 337.900 francs.*

— (Ch. 3). *Personnel du Corps des Ponts et Chaussées* (4.026.600 fr.). Il y a actuellement *133 Ingénieurs en chef* coûtant 888.000 fr., soit 6.676 fr. l'un en moyenne. Avec la réforme régionale, il y en aurait 86 de moins, soit une économie de 574.136 fr. Mais de cette économie, il faut défalquer les 320.000 fr. les traitements accordés aux 20 Ingénieurs en chef régionaux. *L'économie* finale serait de *254 136 fr.* — On ne touche pas ici aux *Ingénieurs en chef des services spéciaux*; mais il est certain que beaucoup ont des emplois inutiles; et qu'on peut *supprimer 50.000 fr.* — Pour les *Ingénieurs ordinaires*, il y en a 224 coûtant 927.000 fr. Il n'y en aurait plus (avec la réforme régionale), que 100, avec les traitements relevés, coûtant 450 000 fr. *Economie, 377.000 fr.* — Sur le crédit des 410.000 fr. pour les *Sous-Ingénieurs et Conducteurs faisant fonction d'Ingénieurs. Economie : 200 000 fr.* — Sur les *frais fixes* des Ingenieurs de tous grades, Sous-Ingénieurs, Conducteurs faisant fonction d'Ingénieurs, qui s'élèvent à 1.405 000 fr. *Economie : 250.000 fr. Le total des économies sur ce chapitre est de 1.131.136 francs.*

— (Ch. 5). *Conducteurs des Ponts et Chaussées* (7.757.300 fr.). Il y a actuellement 2.320 Conducteurs coûtant 7.061.500 fr. Avec la réforme régionale étudiée d'autre part, il y en aurait 1900, avec traitements relevés, et coûtant 6.000 000 fr. *Economie : 1.061.000 fr.* — Sur les *indemnités de résidence*, les traitement ayant été relevés, supprimer sur 620.000 fr., une somme *de 200.000 fr.—Economie totale sur ce chapitre 1.261.000 fr.*

— Ch. 6). *Personnel du Corps des Mines* (675.800 fr.). — *Economiser : 50 000 fr.*

— Ch 8). *Personnel des Contrôleurs des Mines* (523.200 fr.). — *Economiser 23.000 francs.*

—(Ch. 9). *Commis des Ponts et Chaussées et Mines.* Il y en a 1.880 coûtant 3.244.000 fr. Avec la réforme régionale, il y en aura 1.580, avec les traitements relevés, coûtant 3.138.000. *Economie : 106.000 fr.* — Et sur les indemnités de résidence (580.000 fr.). *Economiser 100.000 fr.* — *Economie totale sur ce chapitre : 206.000 francs.*

— (Ch. 11). *Frais généraux du service des ponts et chaussées* (1.631.000 fr.). Supprimer les indemnités pour *heures supplémentaires*, et les reporter aux *frais de tournées* ; celles-ci deviennent plus longues et plus onéreuses, avec l'organisation régionale. Ce remaniement n'entraîne pas d'économie.

— (Ch. 19). *Commissaires de surveillance administrative* (922.000 fr.). Ces emplois sont les plus admirables sinécures de toute l'Administration française. Ils ne servent absolument à rien ; on les confie souvent à des retraités ayant déjà une pension, et qui cumulent. La seule utilisation possible serait d'en supprimer moitié ou les 3/4, et de fondre le reste (ceux qui y seraient reconnus aptes après examen), avec les Commissaires spéciaux des chemins de fer. Mais on y paraît peu disposé. Par conséquent supprimer les 336 agents, et tout le crédit. — *Economie : 922.000 fr.*

— (Ch. 29). *Matériel et dépenses de l'Administration centrale, des Conseils généraux des Ponts et Chaussées et des Mines, des Comités et Commissions* (172 000 fr.). — *Supprimer : 72.000 fr.*

— (Ch. 31). *Publications, abonnements, achat d'ouvrages, etc.* (160.000 fr.). — *Supprimer : 50.000 fr.*

Total des Economies pour le Ministère des Travaux publics : 4.053.036 fr.

TOTAL DES ÉCONOMIES

Les économies réalisables sur les budgets des onze Ministères, d'après l'examen détaillé auquel nous venons de nous livrer, sont au total :

I. — **Finances**			116.929.550
II. — **Justice**	Justice	12.092.900	
	Légion d'honneur	10.750.015	30.056.415
	Imprimerie Nationale	7.213.500	
III. — **Affaires étrangères**			205.000
IV. — **Intérieur**	Intérieur	9.011.850	14.011.850
	Cultes	5.000.000	
V. — **Guerre**			120.000.000
VI. — **Marine**			43.211.278
VII. — **Instruction publique**	Instruction	5.034.500	5.443.750
	Beaux-Arts	409.250	
VIII. — **Commerce**	Commerce	453.300	2.425.550
	Postes	1.972.250	
IX. — **Colonies**			16.606.250
X. — **Agriculture**			1.311.633
XI. — **Travaux publics**			4.053.036
		Total des Économies	354.253.812

IV

CONCLUSIONS

POLITIQUE FINANCIÈRE DE LA RÉPUBLIQUE. — Il [illegible] facile de déblatérer contre la politique financière de la République, de la critiquer, d'en méconnaître les résultats et les mérites. Mais cela est souverainement injuste.

Non seulement elle a réussi à relever, après la guerre, *la puissance militaire et maritime de la France*, — de laquelle dépendent [illegible] l'étranger et la sécurité du territoire national ;

Non seulement elle s'est appliquée à *développer l'outillage [illegible]*, — duquel dépend le développement de la fortune publique ;

Non seulement elle a *créé et vivifié les œuvres d'assistance [illegible] [illegible] solidarité*, — desquelles dépendent la paix [illegible]

Mais encore, elle n'a pas cessé de se [illegible] et d'y consacrer dans chaque budget des sommes dont [illegible] à 1899) a atteint 4 milliards 149 millions [illegible]

[illegible] (et [illegible]) de 1890 à 1901, leur total s'est élevé à 289.801.257 fr.

Poursuivant méthodiquement son œuvre de sincérité [illegible] d'ordre financier, elle a su *réaliser l'unité budgétaire*, par l'incorporation successive au budget général, des dépenses précédemment [illegible] extraordinaire : pensions de la Marine ; frais de perception [illegible] communaux ; budget extraordinaire des Travaux publics ; [illegible] ordinaire de la Marine ; budget extraordinaire de la Guerre ; dépenses militaires de l'Annam et du Tonkin ; [illegible] de chemins de fer ; service des [illegible] de Madagascar, etc.)

[illegible] *le service de la Dette* a exigé une augmentation [illegible] millions en 1901, au lieu de 582 millions en 1869 [illegible] de 1870-1871, et des dépenses formidables qu'elle [illegible] [illegible] Français, aucun contribuable ne doit oublier [illegible] [illegible] résultant de la guerre se chiffrent ainsi :

[illegible] *de la guerre* [illegible] 7 milliards [illegible]

[illegible] de la rançon de l'A[illegible]

[illegible] 1890 pour [illegible]

[illegible] 18 milliards [illegible]

[illegible] de charges [illegible] la République [illegible] il y a 30 ans. Tels sont les résultats considérables [illegible] tique financière. Telle a été son œuvre, — dont elle a le droit d'être fière.

Mais il lui en reste une autre, aussi lourde et aussi difficile à accomplir.

FAISONS DES ÉCONOMIES! — Cette tâche, qui s'impose, consiste tout simplement à réaliser dans les dépenses publiques, aujourd'hui arrivées à leur maximum, des économies considérables, sérieuses et durables, — par des réductions raisonnables et des réformes organiques.

Il le faut.

Si l'on ne s'arrête pas résolument dans la voie des continuelles augmentations, — on peut affirmer que quelque jour l'on aboutira à une catastrophe.

Ayons la sagesse de le comprendre, et l'énergie d'y remédier. Animés d'un esprit novateur, démocratique, équitable, mettons-nous à l'œuvre. Respectons tous les droits acquis, mais ne nous arrêtons ni aux récriminations venant de certains intérêts privés, qui doivent céder devant l'intérêt général, ni surtout, comme le disait M. Antonin Dubost, « à la mauvaise humeur et à la résistance des services qui ne se résolvent pas à comprendre que l'intérêt qu'il y a à mettre le Budget en équilibre est de beaucoup supérieur aux intérêts qu'ils défendent ».

Faisons des économies!

Mais pour y arriver plus sûrement, changeons notre état d'esprit, nos méthodes, nos organismes défectueux.

Le pays en a assez de ces dépenses improvisées, insuffisamment justifiées, légèrement votées, inspirées trop souvent par les préoccupations électorales ou locales et l'esprit de surenchère. Il en a assez de ces habitudes néfastes, de ces expédients douteux contre lesquels le Parlementarisme n'a pas su se garder autant qu'il l'eût fallu. Assez d'augmentations à jet continu et imprévoyantes. Assez de ces campagnes prématurément ou follement entreprises en faveur de telle modification fiscale ou de tels beaux projets, qui risqueraient de nous ménager à brève échéance, de cruelles désillusions...

Il nous faut des finances solides et saines ; des dépenses proportionnées aux recettes réelles ; et des recettes qui ne dépassent point la force contributive de la nation.

Aussi, pour faire des économies, faut-il commencer par prendre certaines mesures préliminaires et certaines bonnes résolutions que voici.

L'INITIATIVE DES DÉPENSES. — La première et la plus urgente consiste à limiter l'initiative parlementaire en matière de dépenses, — c'est-à-dire à décréter qu'aucune proposition ou motion tendant à ouvrir un crédit ou impliquant une dépense, ne pourra être admise si elle n'est pas formulée par le Gouvernement lui-même.

En dépit de tout ce qu'on pourra alléguer, des déclamations démagogiques et des sophismes que ce sujet soulève, — le bon sens indique que le Gouvernement, seul responsable de la bonne administration du pays, est le mieux placé pour savoir si les moyens d'action que lui donne le Budget sont suffisants ou non. Et s'il est facile de comprendre que le Parlement éprouve quelque chagrin à se priver d'un moyen d'influence auprès des électeurs, dont il a si largement usé et abusé en ces dernières années, — l'on doit espérer qu'il finira par adopter cette mesure, indispensable pour « assurer l'ordre, la sécurité et l'équilibre des recettes et des dépenses dans le Budget ».

En Angleterre, les membres de la Chambre des Communes y ont eu recours : ils ont renoncé au droit de présenter toute proposition impliquant ouverture d'un crédit quelconque ; ce droit n'appartient plus qu'au Gouvernement, — sur lequel, du reste, une Chambre a toujours des moyens d'action, sous un régime parlementaire. Par ce procédé, l'Angleterre a réussi à réduire d'un milliard de francs, au cours du siècle écoulé, le montant de sa dette ! Et jamais il n'est venu à l'idée des membres de la Chambre des Communes, de voir là un amoindrissement de leur fonction et de leurs droits.

LE CONTROLE DES DÉPENSES. — A côté de ce qu'on pourrait appeler en cette matière, le sans-gêne parlementaire, il y a le sans-gêne administratif, dont on ne cesse de constater les abus chaque année au moment de la discussion du Budget.

La République dont nous avons rappelé précédemment la gigantesque œuvre financière, se doit à elle-même de la compléter, d'en assurer l'exécution loyale, en établissant un rigoureux contrôle des dépenses.

Plusieurs propositions en ce sens ont été faites cette année même. Et la Chambre, désirant renforcer le contrôle préventif des dépenses, a adopté, sur la proposition de la Commission du Budget, un article de loi ainsi conçu :

« Le contrôleur des dépenses engagées dans chaque Ministère est « nommé par décret contresigné par le Ministre des finances et par le « Ministre intéressé. » Déjà le Ministre du Commerce et le Sous-Secrétaire d'Etat aux Postes viennent d'organiser ce contrôle pour les services dépendant de leur Département. Souhaitons que tous les autres les imitent sans retard.

LA RESPONSABILITÉ DES FONCTIONNAIRES. — Si tant de dépenses sont engagés légèrement, si les grands chefs de nos Administrations, à commencer par les Ministres, semblent souvent n'avoir qu'un médiocre souci des deniers fournis par les contribuables, — c'est pour cette raison que leur responsabilité, quoiqu'ils fassent, ne se trouve pour ainsi dire jamais engagée

Car il est incroyable que juridiquement cette responsabilité n'existe qu'à l'état de fiction, — que les tribunaux judiciaires soient encore incompétents pour connaître des contestations qui s'élèvent sur la validité des ordres administratifs, — et que l'illégalité d'un acte ne le dépouille pas de son caractère administratif !

Nous voulons que cette responsabilité soit mieux établie, plus effective, — dans une mesure d'ailleurs prudente. Mais de telle façon que le public soit protégé contre l'arbitraire, le contribuable contre les irrégularités ou les légèretés administratives ou fiscales, et le fonctionnaire lui-même, contre les entraînements fantaisistes et les abus d'autorité.

PRÉTENDUES RÉFORMES ; DÉBAUCHES FINANCIÈRES. — Pour avoir de bonnes finances et un crédit solide, la première condition est de ne pas inquiéter les intérêts, de ne pas apeurer les capitaux, de ne pas entraver du même coup l'activité économique du pays. A ce jeu là, beaucoup de gens perdent, et personne ne gagne.

Je dis cela pour ceux qui prônent trop volontiers de prétendues « grandes réformes » qui, disent-ils, nous procureraient toutes les félicités possibles, — alors que plus vraisemblablement, elles ne mèneraient qu'à d'intolérables injustices ou à de fâcheuses débauches financières.

Trop de questions de ce genre ont été soulevées légèrement, trop de campagnes tapageuses ont eu pour déplorable effet de créer dans le pays des courants factices d'opinions pour des projets qui risquent fort de se classer parmi ceux que je signale ici comme dangereux, à la Démocratie vigilante, probe, et éprise d'équité.

Pourquoi ne point mettre les points sur les *i* ?

Pourquoi ne pas préciser et dire résolument, courageusement même à beaucoup de nos propres amis :

— **Pas de Rachat des Chemins de fer par l'Etat !** Véritable folie financière et économique contre laquelle se sont prononcées toutes les Chambres de commerce de France, — et qui revient périodiquement sous forme de « campagne », dans le but de faire croire que les Compagnies seraient impuissantes à manier le merveilleux outil qui leur a été confié. Comme si l'Etat, avec ses procédés compliqués, son formalisme insupportable, et la nouvelle armée de fonctionnaires qu'il créerait là, était apte à mieux gérer nos réseaux ferrés ! Comme si le rachat devait faire disparaître magiquement les difficultés que rencontre l'exploitation par les Compagnies ! Comme si les statistiques ne démontraient pas que le réseau actuel de l'Etat a un coefficient d'exploitation infiniment supérieur à tous ceux des Compagnies ; une vitesse de trains inférieure ; une moyenne de retards égale ; une proportion d'agents tués ou blessés plus considérable ; un chiffre d'indemnités pour pertes, retards, ou avaries, plus important ; un amortissement de matériel roulant nul ; et un rendement net bien moindre que celui de la moins favorisée des Compagnies concessionnaires !

— **Pas d'Impôt progressif et global sur le Revenu !** Parce qu'en fait, la presque totalité des revenus sont déjà imposés. Parce que l'impôt progressif et global est contraire aux principes de la Révolution, — inquiétant pour ceux qui possèdent, sans profit pour ceux qui ne possèdent pas, — décourageant pour ceux qui travaillent, épargnent et veulent acquérir, — inspiré par le bas sentiment de l'envie, de la jalousie, de la haine sociale, — alarmant pour tous les intérêts respectables, toutes les fortunes acquises, et toutes les activités fécondes.

Parce qu'il ne peut s'établir et se maintenir que par la vexation, l'inquisition, l'arbitraire, — et qu'il sera tarifé selon la fantaisie du moment par une majorité de non-contribuables contre une minorité progressivement pressurée jusqu'à la ruine.

Enfin, parce qu'il met en péril le Capital, indispensable complément du travail, aussi nécessaire au commerce et à l'industrie que la nourriture quotidienne à l'homme, le charbon à la machine à vapeur !

— **Pas de projet Berteaux !** ni d'autres analogues, inspirés par des préoccupations humanitaires respectables, qu'atténuent malheureusement des préoccupations électorales trop visibles.

On ne saurait oublier en effet à cette heure où les économies s'imposent, que le projet Berteaux grèverait formidablement le Budget, augmenterait le recours à la garantie d'intérêts et nous vaudrait un surcroît de charges évalué au total de 97 à 112 millions et demi par an !

— **Pas de canal des Deux-Mers !** qui « sans être théoriquement inexécutable, donnerait lieu à de grandes difficultés techniques, qu'aucun des projets étudiés jusqu'ici, n'est arrivé à résoudre d'une manière satisfaisante ». Fantaisie coûteuse qui entraînerait une dépense d'au moins trois milliards pour un canal de deux voies ; rendrait peu de service à la navigation générale, et dont les recettes ne couvrant pas les dépenses d'exploitation, laisseraient un déficit d'au moins 75 millions par an.

Et enfin : **Pas de surenchère** ! c'est-à-dire plus de ces promesses outrancières qui s'étalent aux périodes électorales, dans les programmes, et visent à surenchérir sur les promesses déjà invraisemblables des concurrents. Car la surenchère, l'exagération calculée, voulue, poussée au besoin jusqu'au cynisme, est devenue l'une des plaies politiques de notre époque. Il est odieux et il est coupable d'égarer ainsi l'opinion, de l'énerver, de la pousser aux aventures, de lui jeter en pâture les plus décevantes chimères.

C'est insulter au bon sens du peuple que de chercher à capter sa confiance par de tels moyens, de lui promettre tout ce que demandent les partis les plus exigeants, et même plus qu'ils ne demandent.

C'est par des procédés aussi bas que l'on fausse les rouages du Suffrage Universel, qu'on facilite les abus, le gâchis, qu'on rend pour ainsi dire inévitable les augmentations de dépenses et le déficit.

LES VRAIS PRINCIPES FINANCIERS. — Pour éviter les erreurs et les fautes, pour ne tomber ni dans l'injustice ni dans l'arbitraire, en matière fiscale, il ne faut jamais perdre de vue les bases véritables de la fortune publique en France, c'est-à-dire que :

Dans aucun autre pays, la fortune n'est mieux équilibrée, plus morcelée, plus largement répartie.

Il y a en France plus de 8 millions de propriétaires fonciers.

Les grandes villes exceptées, 9 millions de maisons sont habitées pour [illegible] par ceux qui les possèdent.

Les déposants ayant des économies aux Caisses d'épargne sont au nombre de [illegible] millions.

Il y a 2 millions environ de membres des Sociétés de Secours mutuels.

Il y a d'autres millions de Français laborieux, prévoyants, économes, qui volontairement tiennent de côté et versent des cotisations aux Sociétés diverses d'Assurances, de Prévoyance ou de Retraite.

La fortune mobilière de la France, représentée par les titres des grandes Compagnies de Chemins de fer ou autres, loin d'être centralisée par quelques gros capitalistes, est au contraire divisée à l'infini entre des millions de porteurs.

Il faut, secondement, avoir sans cesse à l'esprit, avec la volonté ferme de ne s'en jamais écarter, les principes financiers de la Révolution française. Ce sont les seuls vrais, les seuls justes, les seuls pratiques. L'heure semble opportune pour les rappeler ; les voici :

Tous les citoyens sont égaux devant l'impôt ;

L'impôt doit être proportionnel ;

L'impôt doit être réel et non personnel ;

L'impôt ne doit point gêner la liberté du commerce ;

L'impôt ne doit être affecté qu'aux services généraux de la Nation.

LE DEVOIR DES ÉLECTEURS ET DES CONTRIBUABLES.
— Tous les esprits sérieux, pondérés, clairvoyants, soucieux de l'avenir sont d'accord sur ces points. Et, au premier rang de ceux qui s'opposent à ces dangereux présents non de la Démocratie mais de la Démagogie, se trouvent tous les hommes d'affaires, les commerçants, les industriels, les Chambres de commerce, les Syndicats de Négociants. Tous sont acquis à ces idées.

Mais il ne suffit point qu'ils pensent ainsi. Il faut qu'ils le fassent savoir, qu'ils le disent très haut, qu'ils le crient.

Et c'est l'occasion de cette manifestation nécessaire que nous avons pour but de leur fournir ici.

Qu'ils la saisissent sans tarder, sans hésiter, dans l'intérêt supérieur du pays, de sa prospérité, de son rayonnement.

Qu'ils examinent les divers points traités par cette brochure, et si l'ensemble des revendications et des réformes qui s'y trouvent formulées leur semble juste et fondé, nous leur demandons d'approuver, — sans y rien changer pour donner plus de force morale à cette manifestation pacifique, — le vœu suivant, qui synthétise et résume les Réformes et et les propositions d'Economies exposées dans ces pages rapides.

AUX CONSEILS GÉNÉRAUX ET MUNICIPAUX, CHAMBRES DE COMMERCE, SYNDICATS, etc. — Nous adressons le même et pressant appel, en vue d'une approbation effective de ce vœu, aux Conseils généraux, Conseils d'arrondissement et Conseils municipaux ; — aux Chambres de commerce, aux Chambres consultatives; — aux Syndicats de Négociants ; — aux Syndicats industriels; — aux Syndicats agricoles ; — aux Sociétés locales variées ; à tous ces groupements, qui, chacun à leur point de vue spécial, travaillent à la grandeur, à la prospérité, à la gloire de la France.

C'est à eux tous qu'il appartient logiquement de prendre l'initiative !

L'action de tous est indispensable pour que surgisse, sinon dans le pays tout entier, du moins dans notre importante région, ce courant d'opinion en faveur des Reformes et des Economies.

Plusieurs Conseils généraux, à la session dernière, ont adopté des vœux formels, directement inspirés par ces idées ; plusieurs autres sont prêts à le faire. De précieux encouragements et des adhésions anticipées nous sont venus aussi des Chambres de commerce, de Syndicats commerciaux, de Sociétés et groupements divers, et de simples particuliers.

Que ce mouvement grandisse, se généralise, s'étende !

POUR ABOUTIR. — Certes, nous n'avons point la naïveté de croire que le Gouvernement va s'émouvoir et agir ; que le Parlement va sanctionner demain les propositions nombreuses que nous formulons.

Mais du moins faut-il les y inviter l'un et l'autre.

Pour aboutir, — le jour où les pouvoirs publics le voudront, — il n'y aura qu'un moyen, un seul : la nomination d'une commission d'études de ces Economies et de ces Réformes, composée de quelques membres très peu nombreux, bien choisis, et indépendants, n'appartenant ni au Parlement, ni à l'Administration, — et ayant tous pouvoirs pour pénétrer dans les divers services et y obtenir les renseignements et les documents nécessaires.

C'est par là qu'on arrivera à faire des *Réformes* et des *Economies*. Car on y arrivera quelque jour. Il le faudra bien.

Alors pourquoi pas tout de suite ?

Pourquoi ?

On trouvera ci-après, à la page suivante, le modèle de vœu résumant les idées développées dans cette brochure, et que nous demandons instamment aux Assemblées diverses, aux Chambres de Commerce, aux Syndicats et aux Sociétés, aux contribuables, aux simples citoyens, d'approuver.

Nous les prions, en outre, de vouloir bien nous aviser à notre adresse personnelle, au journal le *Lyon-Républicain*, des votes émis, des décisions en ce sens qui auraient été adoptées sur leur proposition.

VŒU

POUR LES RÉFORMES ET LES ÉCONOMIES

« Le Conseil général de. . . . .

Ou : Le Conseil municipal de . . . .

La Chambre de Commerce de . . . .

Le Syndicat de . . . .

« Préoccupé des conséquences périlleuses que l'incessant développement des dépenses publiques présente pour la situation économique et la marche des affaires, — croit que l'heure est venue d'alléger dans une mesure considérable les charges écrasantes supportées par les contribuables ;

« Estime que cet allègement des dépenses inscrites au Budget peut et doit se faire : 1° *par des Réformes*, c'est-à-dire par une refonte totale de notre organisation administrative, basée sur la substitution de 20 grandes « Régions » aux 87 Départements actuels, et favorisant les simplifications, les économies, la diminution du nombre des fonctionnaires, et la décentralisation ; — 2° *par des Économies* résultant d'une révision résolument réformatrice des Administrations centrales et des Budgets de chaque Ministère ; — 3° *par des mesures complémentaires*, consolidant les précédentes, telles que la réglementation de l'initiative parlementaire en matière de dépenses, le contrôle réel de ces dépenses, la responsabilité effective des fonctionnaires, le respect absolu des principes financiers posés par la Révolution ;

« Considérant que cette tâche ne peut être pratiquement étudiée que par une Commission extraparlementaire et extrafonctionnariste, composée de quelques spécialistes indépendants, bien choisis, résolus, animés d'un esprit réellement novateur, et conscients des besoins présents de notre Démocratie,

« Appelle sur cette question si grave, la sollicitude du Gouvernement, des représentants de notre région au Parlement, de tous ceux qui ont souci de l'avenir du pays,

« Et émet le vœu :

« Que le Gouvernement, sans plus attendre, institue une Commission de 8 à 10 membres au plus, n'appartenant ni au Parlement, ni à l'Administration, présidée cependant par un Conseiller d'Etat, — ayant tous pouvoirs pour obtenir partout communication des renseignements et documents de nature à éclairer et faciliter leurs travaux ; — et ayant mission d'examiner, conformément à un plan d'ensemble, les solutions les mieux appropriées aux conditions actuelles de la vie économique, politique et sociale, puis de formuler les réformes organiques à opérer dans nos Administrations, les simplifications, les réformes et les économies à y réaliser. »

[Nous prions les Assemblées, les Corps constitués, les Chambres de Commerce, les Syndicats, les Sociétés, les groupements divers, et tous ceux qui, approuvant ce vœu, l'adopteraient et le signeraient, de vouloir bien en aviser par lettre personnelle, M. Léon Sentupéry, rédacteur au *Lyon-Républicain*, 6, rue Childebert, à Lyon.]

Paris. — Imprimerie de la Société anonyme de Publications industrielles et d'Imprimerie administrative.
A. FAYOLLE, [illegible], Directeur, 20, rue Turgot.

www.ingramcontent.com/pod-product-compliance
Ingram Content Group UK Ltd.
Pitfield, Milton Keynes, MK11 3LW, UK
UKHW022050170726
13837UKWH00002B/878